나는 무슨 씨앗일까? ②

샘터가 소망하는 우리 아이들의 얼굴입니다.
이 행복한 마음 담아 여러분 곁으로 찾아가겠습니다.
www.isamtoh.com

# 나는 무슨 씨앗일까? ②

글쓴이
·
신수진 원갑재 이영희 윤병원 석금호 황병기 서영남

그린이
·
유준재

샘터

**유준재** 1976년에 태어나 홍익대학교에서 섬유미술을 공부하고, 현재는 어린이 책에 그림을 그리고 있습니다. '동물 농장'으로 제15회 노마 콩쿠르(noma concours)에서 입상했고, 《화성에 간 내 동생》《나는 무슨 씨앗일까?》 《지엠오 아이》《소년왕》《첫 단추》 등에 그림을 그렸습니다. 쓰고 그린 책으로는 《마이볼》《엄마 꿈속에서》가 있습니다.
www.uzzun.com

샘터솔방울 인물 15
## 나는 무슨 씨앗일까? ②

**1판 1쇄 발행** 2014년 2월 14일 | **1판 6쇄 발행** 2020년 6월 15일
**글쓴이** 신수진 원갑재 이영희 윤병원 석금호 황병기 서영남 | **그린이** 유준재
**기획** 선안나 | **펴낸이** 김성구

**편집** 임선아 송은하 | **디자인** 이영민
**마케팅** 최윤호 나길훈 김민지 | **제작** 신태섭 | **관리** 노신영

**펴낸곳** (주)샘터사 | **등록** 2001년 10월 15일 제1-2923호
**주소** 서울 종로구 대학로 116(03086)
**전화** 편집부(02)763-8963 마케팅부(02)763-8966 | **팩스** (02)3672-1873
**전자우편** kidsbook@isamtoh.com | **홈페이지** www.isamtoh.com

ⓒ글 선안나, 그림 유준재, 2014

**사진 제공 및 출처** (주)매종드 이영희(62쪽), 윤병원(69쪽), 조선일보사(91쪽), 연합뉴스(113, 114쪽)
이 책은 저작권법에 의해 보호를 받는 저작물입니다. 이 책에 수록된 글과 이미지를
사용하고자 할 때에는 반드시 저작권자와 (주)샘터사의 서면 허락을 받아야 합니다.

ISBN 978-89-464-1698-7 74990, 978-89-464-1629-1(전 2권)
이 도서의 국립중앙도서관 출판시도서목록(CIP)은 e-CIP 홈페이지
(http://www.nl.go.kr/cip.php)에서 이용하실 수 있습니다.(CIP제어번호 : CIP2014001698)

후가공 이지앤비(특허 제10-1081185호)

**샘터 1% 나눔실천** 샘터는 모든 책 인세의 1%를 '샘물통장' 기금으로 조성하여
매년 소외된 이웃에게 기부하고 있습니다. 2019년까지 8,500여만 원을 기부하였으며,
앞으로도 샘터는 책을 통해 1% 나눔실천을 계속할 것입니다.

여러분은 무슨 씨앗일까요?
지금부터 일곱 선배의 꿈과 도전을 들려주려고 합니다.
자기 마음의 길을 따라간 선배들의 이야기를 만나
여러분에게도 꿈의 씨앗이 싹틀 수 있기를 바랍니다.

차례

한복 디자이너 이영희 님의 유치원 시절,
어머니와 함께.(오른쪽)

도선사 윤병원 님의 초등학교 4학년 때.

실력과 도전으로 꿈을 이룬
**민항기 기장 신수진** 이야기　8

실력 있는 재야의
**곤충 박사 원갑재** 이야기　26

바람의 옷을 만든
**한복 디자이너 이영희** 이야기　42

선박의 안전을 책임지는
**도선사 윤병원** 이야기　64

글꼴을 짓는
한글 디자이너 **석금호** 이야기  80

가야금을 타던 괴짜 남학생
국악인 **황병기** 이야기  96

국수 없는 국수집을 연
민들레 수사 **서영남** 이야기  116

곤충 박사 원갑재 님의 초등학교 졸업 사진.(맨 뒷줄 원)

실력과 도전으로 꿈을 이룬
## 민항기 기장 신수진 이야기

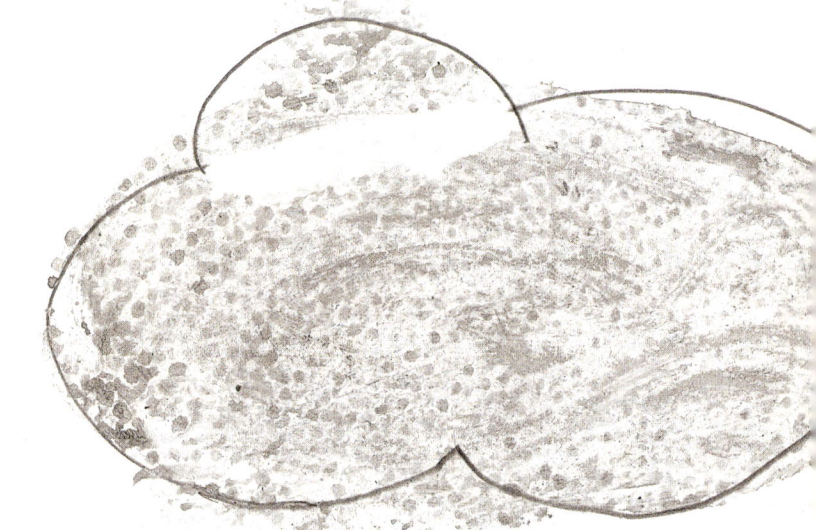

"후우."

　신입 조종사부터 시작해 대형기 부기장, 소형기 부기장을 거쳐 13년 만에 민간 항공기 기장으로 첫 비행을 하는 날. 비행장으로 들어서며 나는 눈을 감고 크게 심호흡했습니다.

　숨 사이로 익숙한 비행기 연료 냄새가 풍겨 왔습니다. 그러자 온몸의 세포가 먼저 깨어나 정렬되는 느낌이었습니다. 차분하게 가라앉았던 마음이 설렘과 흥분으로 팽팽히 차올랐습니다. 내가 기장의 자격으로 비행기에 탑승하다니!

　기장은 민간 항공기에 탑승하는 승무원 가운데 최고 책임자입니다. 승객이 비행기에 탈 때부터 안전하게 내릴 때까지 항공기에서 일어나는 모든 일에 책임과 권한을 가지지요.

비행 전, 나는 엔진과 바퀴 등 비행기 전반을 점검했습니다. 정비사가 이미 꼼꼼하게 정비를 마쳤지만 기장으로서 비행기의 상태를 최종 확인하는 것입니다.

드디어 조종석에 올라앉았습니다.

"클리어 포 테이크 오프(clear for take off)!"

관제탑에서 이륙 허가가 떨어졌습니다. 기다림이 길었던 만큼 가슴 벅찬 순간이었습니다.

속도를 높이자 비행기가 탁 트인 활주로를 빠르게 달립니다. 시속 120킬로미터, 160킬로미터, 180킬로미터…….

"로테이트(rotate)!"

옆자리의 부기장이 조종간*을 들어 올리라는 신호를 줍니다. 요크를 잡아당기자 비행기가 하늘로 사뿐히 치솟아 오릅니다.

위이잉…….

어느새 비행기는 구름을 헤치고 높이 떠올랐습니다.

1만 5천 피트, 2만 피트……. 하늘과 비행기와 내가 완벽히 하나가 되어 날고 있었습니다.

---

조종간 • 항공기의 비행 방향과 운동 방향을 조종하는 장치. 요크 방식과 스틱 방식이 있다.

## 평범한 아이에게 찾아온 열정의 순간

나는 우리나라 민간 항공기 역사상 60년 만에 첫 여성 기장이 되었습니다. 덕분에 뜻밖에도 많은 관심을 받는 자리에 서게 되었지만, 사실 자라는 동안 남들 앞에 별로 서 본 적이 없는 평범한 아이였습니다.

딸만 다섯인 집안에 셋째로 태어나다 보니 부모님의 손길이 덜 미치는 가운데, 자신의 일은 스스로 하며 컸습니다. 두드러지게 잘하는 건 없었지만, 영어 교육을 일찍부터 받은 덕에 중·고등학교 때 학교 대표로 영어웅변대회에 참가하면서 막연히 외교관을 꿈꾸게 되었습니다.

그러다 대학 진학을 앞두고 장래를 설계하면서 외교관이 되어 보자는 생각에 정치외교학과를 지원했습니다.

외무 고시에 합격해서 외교관이 될 자신은 없었지만 외교학을 꼭 한번 공부해 보고 싶었기 때문이었죠.

대학교에 들어가서는 지도 교수로 김경숙 총장님을 만나게 되었습니다. 총장님은 "10년 후에는 네가 어떤 모습일 것 같니?", "열심히 학업에 정진해라." 등 미래의 모습을 생각해 볼 수 있는 질문을 자주 건넸습니다. 나중에 비행기 조종사의 길을 선택하고 도전하는 데에도 도움이 되었지요. 그렇지만 대학교 2학년 때까지만 해도 내가 좋아하는 일이 무엇인지 알지 못했습니다.

'나도 졸업하고 그냥 시집을 가야 하나?'

그런 생각을 하면 어쩐지 허무하고 억울했습니다.

그런데 대학 졸업을 앞두고 미국으로 여행을 갔다가 인생이 바뀌는 순간을 맞았습니다.

시애틀에서 관광용 경비행기˙를 타 보게 되었는데, 그때 교관이 나도 조종을 배울 수 있다고 한 것이죠. 아무나 비행기 조종을 할 수 있다니, 상상도 못 했던 일이라 무척 신기했습니다.

그리고 이듬해 졸업 후, 미국 항공사의 통역원으로 한국에서 잠시 근무했습니다.

이후 경비행기 조종사 자격증을 따고자 미국 댈러스의 레드버드 비행학교를 찾아갔습니다.

"바로 이거야!"

잠깐 맛본 비행기 조종의 매력에 흠뻑 빠져 버린 나는, 훈련을 받고 경비행기 조종사 자격증을 취득했습니다.

날씨가 좋을 때만 개인 소유의 비행기를 운전할 수 있는 기본적인 면허였지만, 첫 도전에 성공하고 날아갈 듯 기뻤습니다.

---

경비행기 • 프로펠러의 힘으로 움직이는 비행기. 보통 2~8명이 앉을 수 있다.

## 마음의 길을 따라 도전하다

다시 한국으로 돌아왔을 때, 나는 비로소 분명하게 깨달았습니다. 지금까지 살면서 비행기 조종만큼 가슴을 뛰게 하는 일은 없었고, 앞으로도 없을 거라는 사실을요!

하지만 한국에서는 비행기 조종사가 될 방법이 전혀 없었습니다. 여자를 조종사로 뽑는 항공사가 없을 뿐 아니라 항공대 항공운항과에 입학조차 할 수 없었으니까요. 결국 내가 조종사가 될 수 있는 길은 다시 미국으로 가서 비행학교에 입학하는 수밖에 없었습니다.

'잘 해낼 수 있을까?'

막상 태평양을 홀로 건널 생각을 하니 두려웠습니다. 낯선 땅에서 새로운 분야에 도전해 성공할지도 알 수 없었지만, 무엇보다 성공한다 해도 앞날이 전혀 보장되지 않았으니까요.

하지만 비행을 포기하고 이대로 산다면 평생 후회할 것 같았습니다. 아니, 이대로는 못 살 것 같았습니다.

결국 나는 모험과 도전을 선택했습니다. 샌프란시스코에 있는 시에라 비행학교의 민간 항공기 훈련 과정에 등록한 것이지요.

그런데 갑자기 큰 시련이 찾아왔습니다. 아버지가 폐암 말기라 6개월밖에 살 수 없다는 청천벽력 같은 소식을 들은 것입니다. 아버지의 자리가 너무나 컸던지라 하늘이 무너지는 심정이었지요. 나는 아버지의 곁을 지키기로 했습니다.

다행히 수술이 성공적으로 끝났고, 아버지는 항암 치료를 받으며 조금씩 회복되었습니다. 어느 정도 몸을 추스른 아버지는 나를 불러 말씀하셨습니다.

"그렇게 하고 싶으면 해라."

아버지의 응원을 받으며, 나는 다시 미국의 시에라 비행학교로 떠났습니다. 교관 자격증을 따고, 저가 항공사에서 경력을 쌓은 뒤 미국 현지의 큰 항공사로 들어가겠다는 야심 찬 목표를 세우고서 말입니다.

그러나 음식도, 기후도 전혀 다른 나라에서 홀로 지내는 생활은 힘들었습니다. 아버지의 건강도 걱정되었고, 가족과 집과 익숙한 음식과 고향의 모든 것이 그리워 향수병에 시달렸습니다.

게다가 함께 훈련받는 한국인 남자 동료들을 보면서 의기소침해지는 것은 어쩔 수 없었습니다.

"우리는 비행학교 졸업하면 한국에서 조종사를 한다지만, 너는 뭣 때문에 이 고생을 하는지 모르겠다."

그런 말이라도 들은 날에는 더욱 암담하고 절망적인 기분이 들었습니다.

하지만 그때마다 당신이 힘든 가운데서도 딸을 지지하고 응원해 준 아버지를 생각하며 이를 악물었습니다. 그리고 비행기 엔진 시동 소리를 들을 때마다 모든 고생이 씻겨 나가는 카타르시스를 느끼며, 이 길에 대한 확신을 거듭 다졌습니다.

비행학교에서 계기비행•과 사업용 단발비행, 이론 교관 교육과정을 이수하고, 비행 교관 자격증까지 땄습니다. 그런데 마침 놀랍게도 한국의 항공회사에서 드디어 여성에게도 조종사 문호를 개방한다는 소식을 들었습니다. 나는 뛸 듯이 기뻐하며 지원했고, 1996년 드디어 대한항공에 입사하게 되었습니다.

## 최초의 여성 기장이 되기까지

합격 소식에 부푼 꿈을 안고 고국으로 돌아와서부터는 제주 비행훈련원에서 고된 시간을 보냈습니다. 꽉 짜인 일정에 따라 진행되는 집단생활은 미국의 비행학교와는 또 다른 힘겨움을 주었습니다. 남자 동료들 속에서 여자 혼자 지내야 하는 외로움과 스트레스 또한 적지 않았습니다. 하지만 이제 곧 조종사가 될 수 있다는 꿈과 희망이 있었기에 모든 과정을 견뎌 냈습니다. 그리고 1997년, 드디어 부기장이 되었습니다.

승객들이 가끔씩 정말로 비행기 조종을 하는 게 맞냐, 그냥 기장 옆에 타고 있는 게 아니냐고 묻는 경우도 있었습니다. 특히 외국으로 비

---

**계기비행** • 어둠이나 안개로 앞이 안 보이는 상황에서 계기에 의존해 항로를 비행하는 일.

행을 갈 때면 자그마한 아시아인 여성이 큰 비행기를 몰고 왔다는 사실을 신기해했지요.

부기장이 된 후에 또다시 기장이 되기 위해 6개월 가까이 정말 혹독하게 훈련받았습니다. 새벽 5시에 나와 예습하고, 오후 5시에 일과가 끝나면 복습하고, 복습까지 마치면 또 시뮬레이션 훈련을 하고…….

기장이 되려면 온갖 비상 상황에 대처하는 시뮬레이션 훈련을 받아야 합니다. 예를 들어 비행기의 엔진은 구름 속의 미미한 수분량에도 영향을 받아 고장 나거나 엔진에 불이 날 수 있습니다. 때문에 기장은 뭉게구름을 피해서 운항해야 하지요.

모든 과정이 얼마나 힘들던지 이때 흘린 땀으로 욕조 하나를 채우고도 남을 겁니다. 평소에 능숙하게 하던 일도 조금만 방심하면 바로 문제가 발생해 잠시도 긴장을 풀 수 없었죠.

'모든 것을 완전히 바쳐야 하는구나!'

몸과 마음을 다해 비행의 처음부터 끝까지 책임질 때에야 비로소 진정한 기장이 될 수 있다는 것을 깨달았지요.

기장으로서 소형기를 운항하면서 유독 기억에 남는 비행이 있습니다. 기장이 된 지 며칠 되지 않았을 때였는데, 김포공항에서 출발해 광주, 제주를 거쳐 김해공항으로 이동하는 경로였지요.

당시 광주공항에는 한 치 앞이 보이지 않을 정도로 눈이 많이 내렸습니다. 하지만 공항 운항 시간에 맞추려면 비행을 해야 했지요. 광주에

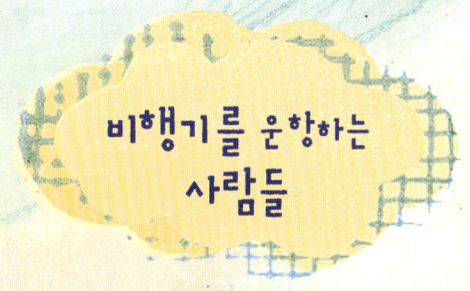
### 비행기를 운항하는 사람들

**기장** 비행을 책임지는 사람으로, 항공기 안의 승무원을 지휘·감독한다. 조종석의 왼쪽에 앉으며, 유니폼 소매의 줄이 4개이다.
수송기나 여객기 같은 대형기 기장이 되려면 대형기 부기장을 거친 다음, 전투기나 정찰기 같은 소형기 부기장 자리를 반드시 이수해야 한다. 기장은 대형기와 소형기를 번갈아 가며 배운 기술을 모두 활용할 수 있어야 하기 때문이다.

**부기장** 부조종사(Co-Pilot)라고도 한다. 조종석의 오른쪽에 앉으며, 유니폼 소매의 줄이 3개이다.
조종사 훈련생은 정식으로 비행할 수 있는 기장 혹은 부기장이 되기 전까지 유니폼 소매의 줄이 1개이며, 조종사 자격증을 따면 소매의 줄이 2개가 된다.

**관제사** 관제탑에서 항공기의 이착륙 신고서를 확인하고, 활주로 및 공항 주변의 기상 상태를 점검한다. 조종사에게 기상, 풍속 등의 정보를 제공하고 항공 교통을 지휘한다.

**운항관리사** 항공기의 경제적인 운항과 안전을 담당한다. 이착륙 허용 중량에 맞춰 화물과 승객을 배분·배치한다. 또한 도착지까지 필요한 연료량을 정확히 계산하여 연료 소비를 줄이고, 기상 상태를 확인하여 노선을 정해 준다.

서 힘들게 이륙해서 제주공항에 접근을 시도했지만, 제주에도 돌풍이 불어 기상 상황이 좋지 않았습니다. 결국 한 번에 착륙하지 못하고 재상승하여 겨우 착륙을 했습니다.

그리고 도착한 제주공항에서 수학여행을 온 부산 학생들을 싣고 또다시 김해공항으로 향했습니다. 거친 날씨는 나아지지 않았지만 다행히 야간 운항 시간에 맞춰 안전하게 도착할 수 있었습니다.

그날의 일정을 모두 마치고 호텔로 들어갔을 때, 힘든 비행을 해낸 스스로가 참 대견했습니다. 모든 게, 기장이 되기 위한 혹독한 훈련과 그걸 꿋꿋이 견뎌낸 마음가짐 덕이었지요. 나중에는 승객으로부터 제주도까지 안전하게 데려다 주어 고맙다는 편지를 받기도 했습니다.

## 여자가 아니라 사람이니까

"어떻게 하면 기장이 될 수 있나요?"

기장이 된 뒤, 여학생들에게 메일로 질문을 많이 받습니다. 승무원에게 부탁해서 딸에게 줄 사인을 요청하는 승객도 종종 있고요.

지금은 적성에만 맞으면 여자도 조종사가 될 수 있는 길이 국내에 열려 있습니다. 물론 남자들과 똑같이 경쟁하고 훈련해야 하지만, 비행기를 힘으로 조종하는 건 아니기 때문에 딱히 불리하다고 볼 수 없습니다. 여성 특유의 섬세함이나 소통 능력이 장점이 될 수도 있지요.

그보다 중요한 건, 전 세계를 다니며 근무하는 조종사라는 직업이 겉보기에 화려해 보일 수 있지만, 실제로는 어려움도 많다는 걸 이해하는 일입니다.

열 시간이 넘게 걸리는 국제선 밤샘 비행은 체력적으로도 힘들고, 집에 머무는 날이 드물기 때문에 가정생활이나 사회생활을 남들처럼 할 수 없습니다. 또 조종사가 됐다고 해도 6개월마다 시뮬레이션 시험을 통과해야 자격이 유지되며, 1년마다 정밀한 기준의 건강 검진에도 합격해야 합니다.

날씨나 비행기에 돌발 상황이 생기면 어떻게 대처할지, 승객 중에 응급 환자가 생기면 가까운 비행장에 착륙해야 할지, 술 취한 승객이 난동을 부릴 때는 어떻게 대응해야 할지……. 기장은 발생할 수 있는 모든 상황에 최종적으로 판단을 내리고 책임져야 하기 때문에, 비행기가 이륙하면서부터 착륙하는 순간까지 긴장을 늦출 수 없습니다. 신체의 컨디션뿐 아니라 감정까지 잘 조절해서 동료와 승객을 배려하는 프로 중의 프로가 되어야 하지요.

그렇기 때문에 조종사가 되고, 나아가 기장이 되려면 맡은 일을 완벽하게 수행하는 자세와 목표를 이루려는 노력이 필요합니다. 선배 기장으로부터 경험과 비결을 전수받아 실력을 쌓는 한편, 후배에게도 배우려는 마음가짐도 중요하고요.

나는 '최초의 민항기 여성 기장'이라는 수식어를 얻었지만, 조종사로서 더 큰 목표를 향한 도전은 지금도 진행 중입니다. 당장은 대형기인 보잉777기를 운항하겠다는 목표를 이루었지만, 조종사로서 가장 궁극적이면서도 큰 소망은 모든 비행을 무사히 마치고 명예롭게 퇴직하는 것입니다.

조종사의 길로 들어선 후, 부기장의 자격으로 첫 비행을 하던 순간이 지금도 생생합니다. 한반도 전체에 회색 구름이 가득 덮여 있는데, 비행기가 이륙하여 구름을 치고 올라가니 거짓말처럼 파란 하늘이 펼쳐졌습니다. 한쪽에는 동그란 무지개까지 걸려 있었고요.

'이런 게 인생이구나.'

구름 속처럼 앞길이 보이지 않더라도 마음속 나침반을 따라 힘껏 비상하다 보면 맑게 갠 하늘이 나타난다는 진실을 자연이 내게 보여 주는 것 같았습니다.

땅에서 보는 하늘과 비행 중에 보는 하늘은 정말 다릅니다. 내가 불확실한 미래 때문에 도전을 포기하고 안전하게 살아가는 길을 택했다면 수백, 수천의 화려하고 장엄한 하늘을 보며 살 수 없었을 겁니다.

저마다 직업은 다를지라도, 도전하고 시련을 극복하며 나아간 사람만이 볼 수 있는 삶의 비경이 분명 따로 있습니다. 현대 사회는 워낙 복잡다단해서 알아야 할 것, 배워야 할 것이 너무 많습니다. 그 속에서 어린이들은 무엇을 해야 좋을지 몰라 혼란에 빠지기도 쉽지요.

하지만 어떤 환경에서도 '나 자신이야말로 가장 소중한 사람'이라는 사실을 기억해야 합니다. 자신이 진실로 원하는 것을 끝까지 포기하지 말아야 합니다.

'이 또한 지나가리니!'

오늘도 나는 솔로몬의 명언을 가슴에 새긴 채, 기쁜 일이든 슬픈 일이든 평상심을 잃지 않고 묵묵히 맞아들이고자 합니다.

실력 있는 재야의
## 곤충 박사 **원갑재** 이야기

"아빠, 아빠!"

"얼른 일어나 보세요."

아이들이 곤히 잠든 나를 흔들어 깨웠습니다.

잠이 덜 깬 눈을 비비며 가족이 이끄는 대로 거실로 나간 순간, 나는 눈이 휘둥그레졌습니다.

거실의 넓은 유리창을 뒤덮은 나비, 나비, 나비……. 불빛 아래 반짝이는 수백 마리 나비의 날갯짓은 무어라 표현할 수 없을 만큼 황홀했습니다. 우리 가족은 함박웃음을 머금고 서로 바라보았습니다. 곤충 연구를 하는 가장 때문에 남들이 하지 않는 고생까지 하며 살지만, 그 덕에 이렇게 가끔 남들은 볼 수 없는 진귀한 광경을 볼 때도 있지요.

이 일을 하다 보면 희귀종 곤충의 표본을 얻으려 집에서 유충을 키워 부화시키는 경우가 적지 않습니다. 그 때문에 가족이 고생한 적도 많지요.

큰애가 꼬마였을 때 한번은 이런 일도 있었습니다. 희귀종 나비의 유충을 어렵게 구해서 키우고 있었는데, 아이가 호기심에 유충을 전부 눌러 죽인 겁니다. 어찌나 화가 나는지 아이를 한쪽에 묶어 두었습니다. 이를 본 아내가 결혼하고 처음으로 크게 화를 내며 "아이가 중요하냐, 나비가 중요하냐?"고 따졌지요.

사실 나는 초등학교 고학년 때부터 나비에 미쳤다는 말을 들어 왔습니다. 아내는 그 사실을 까맣게 모른 채, 내가 공무원이라는 것만 알고 중매결혼을 했지요. 그런데 셋방 단칸살림에 월급은 쥐꼬리만큼 갖다주면서, 밤낮 곤충에 미쳐 있으니 얼마나 한심하고 기가 막혔겠습니까. 물론 지금은 아내도, 아이들도 곤충을 이해하고 사랑하게 되었지만 살면서 힘든 일이 참 많았을 겁니다. 그저 미안하고 고마울 뿐이지요.

"사진만 있으면 되지, 곤충 표본이 꼭 필요한가?"

이렇게 말하는 사람도 있지만 그건 모르는 소리입니다.

동물 중에 곤충은 마릿수가 가장 많고 종도 다양하며, 또한 먹이사슬에서 식물과 동물을 잇는 연결 고리가 됩니다. 때문에 생태학을 연구하는 데 중요하고, 인접 학문에도 도움을 줍니다. 곤충의 실물 표본이 있으면 몸체를 정밀하게 관찰할 수 있고, 유전 정보는 귀중한 연구 자료가 됩니다.

천적 관계를 밝혀서 실생활에 해를 끼치는 나쁜 벌레를 잡는 데 활용할 수도 있지요.

현재까지 전 세계에서 찾아낸 곤충의 종류를 합치면 140만 종 정도 되는데, 아직까지 이름도 모르는 곤충만 1천만 종이 넘을 것으로 추정합니다.

우리나라에는 12만 종 정도가 발견되었는데, 그중에서도 국제적인 학명은 있지만 우리말 이름을 얻지 못한 경우가 부지기수입니다.

게다가 문헌이나 사진 기록은 있어도 곤충의 실물 표본이 있는 경우는 얼마 되지 않습니다. 한반도의 오랜 역사에도 불구하고 한국 전쟁 이전에 채집한 표본이 한 점도 남지 않아, 시간과 환경에 따른 변화를 비교해 볼 수 없지요.

더구나 환경이 나빠지면서 많은 곤충의 종류가 급격히 사라지고 있기에, 머릿속에는 항상 곤충 한 마리라도 더 표본으로 남겨야 한다는 생각뿐입니다.

## 가난한 산골 소년의 현실과 꿈

내 고향은 국립 수목원이 있는 광릉, 그러니까 경기도 포천입니다. 수백 년 된 온갖 나무가 사방에 우거져 있어 언제나 신선한 나무 향이 진동하는 산촌이지요.

　어린 시절, 포천은 야생 동물과 곤충의 천국이었습니다. 마당에도 나비가 바글바글 날아다니고, 지붕이며 마루며 방 안까지 온갖 곤충이 철 따라 찾아왔습니다.

　오 형제 중 셋째로 태어난 나는, 네 살이 되던 해에 소아마비를 앓아 다리를 약간 절게 되었습니다. 그렇지만 불편한 줄 몰랐고, 남들과 다르다는 생각도 해 본 적이 없었습니다. 또래와 들로 산으로 뛰어다니며 놀았고, 학교에서 운동회를 할 때도 웬만한 아이보다 잘 달렸지요.

　어머니가 이웃집 품앗이를 가면 젖먹이 막내를 돌보다가 어머니에게 데려가 젖을 먹이는 것도 내 몫이었습니다. 일하는 곳이 가까우면 다행이지만, 어떤 때는 동생을 업고 10리가 넘는 길을 걸어가 젖을 먹이고 와야 했습니다. 그때만 해도 검정 광목 팬티만 입고 고무신도 없이 맨발로 걸어 다녔는데, 등에 업은 동생이 미끄러질까 조심하며 먼 길을 힘들게 걸었던 기억이 생생합니다.

　동생이 어머니 품에 안겨 젖을 먹는 동안에는 밭 주변에서 곤충과 놀았습니다. 다시 동생을 업고 걷다가, 내려놓고 쉬다를 반복하며 집으로 돌아오곤 했지요.

　토끼풀을 뜯으러 갔다가 장수말벌에 정수리를 쏘여 기절해서 며칠이나 꼼짝 못 하고 누워 지낸 적도 있습니다. 그때의 상처가 아직도 남았을 정도로 혼이 났는데도 늘 곤충이 있는 곳을 찾아다녔지요.

그러다 초등학교 4, 5학년 무렵, 나비를 만나게 되었습니다.

나비를 잡아 무심코 책갈피에 넣어 두었는데, 얼마 뒤에 꺼내 보니 썩지 않고 예쁜 모습이 그대로 있는 게 정말 신비로웠습니다. 그래서 처음엔 나비를 닥치는 대로 채집하기 시작했습니다. 그러다가 차츰 가짓수가 늘어 비슷한 것끼리 모으면서 나비의 종류가 퍽 다양하다는 사실을 알게 되었습니다. 흰나비, 노랑나비, 호랑나비……. 종류별로 늘여 가는 재미에 산속까지 나비를 찾아 헤맬 지경이었지요.

일찍부터 곤충을 좋아하기는 했지만, 곤충에 남다른 관심을 가지게 된 것은 초등학교 근처의 임업 시험장 광릉 출장소에 해충을 연구하는 학자와 생물학과 대학생들이 자주 찾아온 덕분입니다.

연구자를 만나면 곤충에 대해 물어보고 때로는 심부름도 하면서 곤충에 대해 많이 알게 되었고, 그럴수록 궁금한 것도 더 많아졌습니다. 그러다 잠자리를 연구하는 분이 장비를 빌려 주고 여러 가지를 가르쳐 주어 전시까지 하게 됐는데, 그 무렵에 초등학교를 졸업했습니다.

'우등생으로 졸업했으니 중학교는 보내 주겠지.'

그렇게 생각했지만, 기술을 익혀야 나중에 밥이라도 먹고 산다며 집에서는 진학을 포기하라고 했습니다.

나는 포기하지 않고, 친구네 아버지를 찾아가 돈을 빌려 원서를 접수하고, 시험을 봐서 중학교에 입학했습니다. 겨우 학교는 들어갔지만 돈이 없어 책을 준비할 수 없었습니다. 결국 아는 사람에게 부탁해 서울의 헌책방에서 헐값으로 교과서를 구했는데, 책에 뜯겨져 나간 곳이 한두 군데가 아니어서 진도를 쫓아가는 것도 고생스러웠습니다.

그런 가운데서도 특별 활동으로 생물반에 들어가 나비 채집과 표본 제작, 새 잡는 법과 박제·표본 제작 등을 상세하게 익혔습니다. 그동안 채집한 곤충을 책갈피에 모아만 왔는데, 정식으로 표본을 만들고 분류하는 작업이 큰 재미였지요. 선생님이 이런 나를 눈여겨보고, 방과 후에도 과학실에 남아 다른 학생들이 잡아 온 것까지 작업할 수 있도록 배려해 줬지요.

어느새 곤충 채집은 내 취미이자 특기가 되었고, 임업* 시험장의 연구자들을 따라나서거나 관심사가 같은 친구들과 제법 먼 산까지 곤충 채집을 다녀오기도 했습니다.

그런 나를 가족은 좋아하지 않았습니다. 그럴 틈이 있으면 집안일이나 돕지 쓸데없는 짓을 하고 다닌다며 나무랐지요.

중학교를 졸업했지만 가정 형편상 고등학교로 진학할 수 없었기에 오로지 나비와 벗하는 나날이 시작되었습니다. 오대산, 설악산, 한라산, 거제도 등 몇 달씩 전국을 누비며 방랑했습니다. 임업 시험장 연구원 사이에서 곤충에 일가견이 있는 동네 소년에 대한 소문이 퍼졌고, 그분들의 추천으로 임업 시험장에서 일을 돕게 되었습니다. 연구원과 함께,

---

임업 • 산림에서 난 물품으로 경제적인 이윤을 얻기 위해 산림을 경영하는 사업.

가까운 산림 지대를 비롯해 국토 남쪽 끝 제주도와 북쪽의 비무장 지대까지 돌아다니며 곤충을 채집하고 표본을 만들었습니다.

그러다 고등학교 교사로 자리를 옮긴 연구원 한 분을 따라가 보조 교사로 활동하게 되었고, 1972년 국립 과학관이 개관될 때 특별 채용되면서 본격적으로 곤충 표본을 제작하게 되었습니다. 그때 아내를 만나 결혼도 하고, 스물여섯 늦은 나이에 고등학교에도 진학했지요.

## 곤충 찾아 삼만 리

전국 방방곡곡을 다니며 만든 곤충 표본이 어림잡아 5만 종이 넘습니다. 내가 처음으로 찾아내 학계에 보고한 미기록 곤충만 해도 수십 종입니다. 덕분에 황금털하늘소나 금빛갈고리나방 등 많은 곤충이 생김새에 따라 내가 붙인 이름으로 학계에 등재되어 영원히 살아 있게 되었지요.

어떤 지역에 어떤 곤충이 사는지, 내 머릿속에는 전국의 곤충 분포가 상세히 자리 잡고 있습니다. 산에서 며칠씩, 때로는 몇 년씩 먹고 자며 곤충을 채집했기 때문이지요. 1967년부터 1970년까지 4년 동안은 봄부터 가을까지 한라산에서 내려오지 않고 채집만 한 적도 있습니다.

그때만 해도 버너와 코펠 등 취사도구가 없어서 솥에다 불을 때서 밥

을 해 먹었습니다. 그나마도 비가 오면 불을 뗄 수 없기 때문에 건빵이나 생쌀만 씹으며 견뎌야 했습니다. 비가 계속 오면 며칠씩 생쌀만 먹고 지내는 게 여간 고역이 아니었습니다.

산에서는 독사와 땅벌이 제일 위험한데, 벌에 쏘여 얼굴이 박통처럼 된 적도 여러 번 있습니다.

딱 한 번 독사에 물린 경험도 있었지요. 뱀에 물리자마자 눈앞이 어두워지더니 아무것도 보이지 않던 것이 아직도 생각납니다.

온갖 고난을 겪다가도 희귀하거나 미기록된 곤충을 찾으면 고생스러웠던 기억은 까맣게 잊어버립니다. 제주도에만 사는 희귀한 두점박이사슴벌레를 한라산에서 발견했을 때는 몇백 년 된 산삼을 발견한 심마니 못지않게 기뻤습니다.

곤충은 나비, 잠자리, 매미, 사슴벌레같이 낮에 움직이는 주행성도 있지만, 밤에 활동하는 야행성이 훨씬 많습니다.

한낮에는 곤충도 나무 위에서 쉬기 때문에 많이 볼 수 없습니다. 주행성 곤충을 잡기 위한 주간 채집은 오전 9시에서 11시 사이가 적당합니다. 곤충이 물을 먹기 위해 나무에서 내려오는 시간이기도 하고, 습도와 온도 탓에 날개가 무거워 움직임이 둔해지기 때문이지요.

날아다니는 곤충은 포충망이나 마취제가 든 독병으로 잡아 삼각통®에 싸서 가져오면 됩니다. 걸어 다니는 곤충은 땅을 파고 유인용 트랩을 묻었다가 다음 날 보면 잡혀 있습니다.

야행성 곤충을 잡기 위한 야간 채집은 장비가 더 필요합니다. 불빛으로 곤충을 유인하려면 소형 발전기와 등이 있어야 하고, 스크린이라고 부르는 흰 천, 곤충을 기절시킬 마취제가 든 독병이 꼭 필요합니다. 유인등의 불빛을 보고 모여드는 곤충은 대부분 나방 종류지만, 더러는 사슴벌레나 풍뎅이 같은 갑충도 있습니다. 오후 10시가 넘으면 더욱 다양한 종류의 곤충이 모여들기 때문에, 밤을 새며 시간대별로 채집해야 하지요.

다양한 종을 채집하는 것도 중요하지만, 곤충이 살아 있을 때의 모습 그대로 보존하고, 종류별로 분류하여 족보를 찾아 주는 작업도 중요하

---

삼각통 • 나비나 잠자리 등 날개가 큰 곤충을 채집할 때, 삼각지에 싸서 안전하게 보관하는 통.

밤에 활동하는 곤충을 잡으려면, 빛에 이끌리는 습성을 활용해야 한다. 먼저 유인등을 소형 발전기에 연결한다.

유인등 주위에 설치한 스크린은 불빛을 따라온 곤충을 채집하기 쉬운 위치로 유도해 준다.

지요.

　표본 작업은 날개와 다리 등을 잘 펴서 전시판에 놓고 한 달간 건조시켜야 합니다. 그다음 곤충을 종별로 분류하여 표본 상자에 넣고, 곤충 침으로 부착한 후, 1년에 한 번씩 훈증을 시켜 주면 수백 년은 끄떡없이 원래의 모습과 빛깔을 유지할 수 있습니다.

### 자기 자리를 지키는 자연처럼

지금도 우리 집은 광릉 국립 수목원에서 가까운 산자락에 있습니다. 태어나 뛰놀며 자란 마을이자, 이곳 숲에서 아내와 결혼식도 올렸지요. 그리고 1979년부터 국립 수목원의 곤충분류실에서 일하다 정년 퇴임을 했으니, 국립 과학관에서 일한 얼마의 시기를 빼곤 평생을 고향에 머물러 산 셈입니다. 앞으로도 여기서 살다 뼈를 묻겠지요.

자연은 제자리를 지키는 가운데 조화를 이룹니다. 나비만 보아도 흰나비, 노랑나비, 호랑나비, 부전나비 등 종류가 많지만 저마다 먹는 풀이 다릅니다. 다른 풀이 아무리 탐스럽고 싱싱하게 있어도 자기가 먹는 풀이 아니면 입에 대지 않지요. 그래서 그 지역에 자라는 풀을 보면 어떤 나비가 있을지 짐작할 수 있는 것입니다.

그런데 사람만 맞지 않는 것을 억지로 뜯어 맞추고, 자기 몫이 아닌 것을 탐내고 뺏으며 살아갑니다. 그래서 나 하나라도 '자연에 어긋나지 않게 한자리를 지켜야지.'라는 생각으로 살았는데, 한곳에서 한길을 걸어온 내 삶이 그래도 자연과 비슷했던 것 같아 기껍습니다.

물론 옆에서 지켜본 아내는 "고생에 비해 실속이 없다."고 합니다. 불편한 몸으로 한라산부터 백두산까지 발에 피가 나도록 돌아다니면서 곤충을 채집하고 표본을 만들었지만, 가난한 공무원 생활을 면치 못했으니까요.

그러나 곤충에 미치지 않았더라면 지금쯤 나는 어떤 모습일까요. 중학교를 졸업한 후 집에서 시키는 대로 과자 공장에 취직했으면, 지금도 과자를 튀기며 살지도 모르겠네요. 그랬으면 지금의 아내를 만나지 못했을 테고, 가족이 함께 곤충을 잡으러 다니고 유충도 길러 부화시키는 남다른 즐거움을 느낄 수 없었겠지요.

곤충과 함께하는 생활처럼 내게 잘 맞는 일은 없습니다. 하고 싶은 일만 열심히 하다 보니 학위는 없지만 실력 있는 전문가로 알려졌지요. 게다가 학위가 있는 진짜 박사들에게 '곤충 박사' 호칭을 들으며 자문도 해 주고, 이곳저곳에서 강의도 하며 살았으니 고마울 따름이지요.

한 종류라도 더 표본으로 만들고 잘 보존해야 한반도 생물학 연구의 기초 자료가 될 텐데, 그 가치를 아는 사람이 드물어 안타깝습니다.

1979년에 국립 과학관 화재로 1960년 후반부터 1970년대까지 채집했던 곤충 표본이 소실된 일이 있었습니다. 지금 생각해도 두고두고 아쉬운 일입니다. 우리나라는 사계절이 뚜렷해서 곤충의 종류가 많고 살기도 좋은 곳이지만, 환경 오염으로 수많은 종류가 멸종되었고 지금도 사라지고 있습니다.

곤충을 연구하는 사람으로서 마지막 소망은 후에라도 내가 가지고 있는 표본과 자료를 기꺼이 믿고 기증할 수 있는, 전문적인 곤충 박물관이 꼭 생겼으면 하는 것입니다.

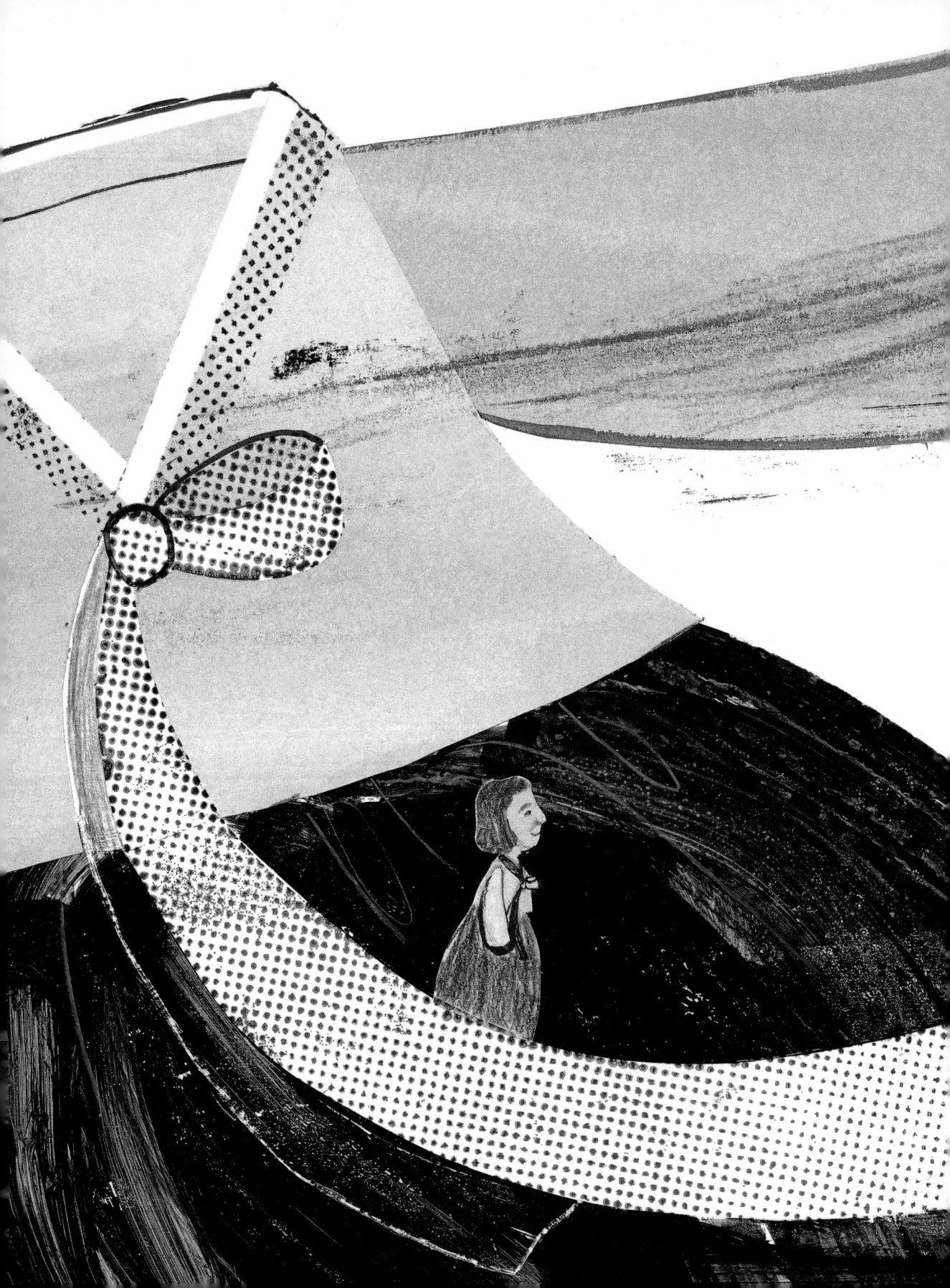

바람의 옷을 만든
## 한복 디자이너 이영희 이야기

어떤 사람은 일찍부터 재능과 열정을 발휘하는 반면, 어떤 사람은 뒤늦은 나이에 두각을 나타내고 이름을 알리기도 해요. 무언가를 남들보다 늦게 시작하고 깨우치는 사람을 '늦깎이'라고 하지요.

나 또한 마흔 살에 '이영희 한국의상'이란 이름으로 한복 가게를 시작했으니 전형적인 늦깎이라고 할 수 있어요. 이 길로 들어서면서도 훗날 내가 한복의 아름다움을 세계에 알리며 살게 될 줄은 몰랐답니다. 파리를 비롯하여 해외에서 400회 넘게 패션쇼를 하고, 뉴욕에 한복 박물관을 세우게 될 줄은 더욱 몰랐지요.

늦깎이로 한복 짓는 일을 시작했지만, 어릴 때부터 어머니가 바느질을 하고 옷 만드는 것을 보며 자랐어요. 봉숭아꽃, 포도, 치자, 감 등 천연 재료로 염색을 하는 어머니 곁에서 그 재료들을 가지고 놀았고요.

"영희야, 여기 손을 넣어 봐라. 어떤 느낌이 드노?"

어머니는 구경만 하게 하지 않고, 염색 물에 손을 담가 피부로 온도를 느껴 보게 했어요.

"함 봐라. 어느 색이 더 낫노?"

의견을 물어볼 때마다 나는 옅은 색이 예쁘다거나 짙은 색이 곱다며 대답하곤 했지요.

밋밋하던 천에 염색과 바느질을 하여 다듬이질, 홍두깨질, 인두질, 모시 손질, 푸새*다듬이질을 하면, 옷감은 어느새 기품 있는 한복을 만드는 천으로 새롭게 태어났어요. 그 과정을 보며 자랐기에 남들과 다른, 나만의 색을 자유롭게 표현할 수 있었을 거예요.

우리 어머니는 삶이 남달랐어요. 아이 여섯을 낳았지만 다섯 아이 모두 어릴 때 하늘로 보냈기에 슬픔과 아픔이 많았지요. 게다가 아버지는 집에 잘 있지 않았어요. 부잣집 장남으로 공부도 많이 하고 법원에서 일했는데, 조선인에 불리한 판결에 항의하다 파면된 후에는 집 밖을 떠돌며 한량으로 살았거든요.

아버지가 집에 오실 때쯤이면 어머니는 명주나 모시로 지은 옷에 풀을 먹여 잘 손질해 두었어요. 아버지는 속저고리와 겉저고리, 마고자, 두루마기를 차례로 입은 후, 팔을 펴 소매 끝이 가지런한지 맞춰 보았

---

푸새 • 옷 따위에 풀을 먹이는 일.

지요. 한 치 어김도 없이 몸에 잘 맞는 새 옷을 입은 아버지의 얼굴에는 흡족한 표정이 스쳤지만, 얼마 안 있어 다시 집을 훌훌 떠나갔어요.

가족이라곤 나뿐이기에 어머니는 온갖 사랑과 정성을 내게 쏟았답니다. 좋은 음식만 주었고, 철마다 고운 옷을 지어 입히는 게 어머니의 가장 큰 즐거움이었어요.

"영희야, 니는 나중에 큰사람이 될 끼다. 니를 가졌을 때 태몽이 억수로 좋았다 아이가. 틀림없이 큰일을 하게 될 끼라고."

어렸을 때부터 어머니한테 이 말을 자주 듣다 보니, 새로운 일이나 큰일도 겁내지 않고 밀어붙이는 배짱이 생긴 것 같아요.

내가 조금 크자, 어머니는 자연스럽게 집안일을 가르쳤어요. 열 살 때 저고리에 동정* 다는 법을 배웠는데, 손끝이 야물어야 한다며 어머니가 얼마나 혹독하게 연습시켰는지 몰라요.
 "하나를 배워도 지대로 배워야 되는 기라."
 중학교 때 한번은 솜저고리를 만들어 가는 숙제가 있었어요. 솜을 넣고 몇 번이나 뒤집어 가며 바느질을 해야 돼서 정말 어려웠어요. 다른

동정 • 한복의 저고리 깃 위에 덧대어 꾸미는 길고 하얀 헝겊 조각.

친구들은 어머니나 언니가 도와줘 쉽게 만들어 왔지만, 우리 어머니는 내가 울음을 터뜨려도 같은 말만 되풀이했답니다.

"다시 해 봐라."

오래 걸리긴 했지만 결국 혼자서 솜저고리를 완성했어요. 그때의 뿌듯한 성취감과 자신감은 아직도 기억난답니다.

내가 할 일을 어머니가 대신해 주는 버릇을 들였다면 지금의 나는 결코 없을 거예요. 매사 '제대로, 바르게, 정성껏' 해야 한다고 귀에 못이 박히도록 일러 준 어머니의 가르침을 따라 한 땀씩 올곧게 배우고 익혔고, 덕분에 늦은 나이에 디자이너가 되었지만 뚜렷한 나만의 색깔을 보일 수 있었지요.

## 열정을 따라 걸어간 길

중학교, 고등학교를 다닐 때까지도 순탄하게 살았는데, 대학 입시를 앞두고 집안에 시련이 닥쳤어요. 아버지가 돌아가신 후 어머니가 관리해 오던 공장이 불타 버린 거예요. 경제적으로도 어려워졌고, 충격을 받은 어머니의 곁을 지켜야 해서 진학을 미뤘어요.

그리고 이듬해 사촌 언니의 소개로 군인을 만났는데, 대뜸 청혼을 하지 뭐예요. 사람도 괜찮았고, 내가 형제 없이 자라 늘 외롭지 않을까 걱정하던 어머니도 얼른 가정을 이루기를 원했죠. 혼인한 뒤 대학에 가도 된다기에 이른 나이에 결혼하게 되었어요.

그런데 금방 아이들을 낳고 기르며, 바쁘게 살다 보니 세월이 순식간에 흘렀어요. 명절이면 아이들 색동옷을 직접 만들어 입히고 뿌듯해했지만, 한복 만드는 일을 직업으로 삼을 생각은 해 본 적이 없었죠.

어느덧 마흔이 코앞에 다가왔을 때예요. 한창 공부할 나이인 세 아이를 돌보며 서울에서 살았는데, 군대에 있는 남편을 면회하느라 대구를 자주 오갔어요. 이때 친척 언니 집에서 묵곤 했는데, 명주솜 파는 일을 하던 언니가 하루는 내게 말했어요.

"부업 삼아 너도 팔아 봐라. 열 개를 팔면서 하나씩 공짜로 얹어 주면 괜찮게 팔릴 거야."

사실 쥐꼬리만 한 남편 월급으로 살아가자니 생활이 어려웠어요. 그래서 솜을 잔뜩 받아 와 주위에 팔았더니, 당시에 처음 개발한 품질 좋은 명주솜이라 반응이 괜찮았어요.

'열 개에 한 개 덤을 주던 걸 늘려서 두 개를 주면 더 잘 팔리겠지?'

내가 얻을 이익을 조금 줄이고, 파는 사람에게 열 개에 솜 두 개를 얹어 주어 봤답니다. 그랬더니 너도나도 솜을 팔아 오겠다고 나서는 거예요.

"이럴 게 아니라 이불 껍데기를 아예 씌워서 팔아 볼까?"

당시에 명주실로 짠 실크 천인 '뉴똥'이 있었는데, 가볍고 보들보들

하고 구김이 없어서 이불로 만들면 좋을 것 같았어요.

시부모님이 돌아가시고 어머니와 함께 살 때여서, 염색과 바느질의 달인인 어머니를 믿고 일을 벌였지요. 시중에 찾아볼 수 없는 고운 색깔로 염색된 이불은 날개 돋친 듯 팔려 나갔답니다.

그러다가 이불을 만들고 남은 자투리 천으로 한복을 만들어 보았지요. 당시 한복은 촌스러운 느낌의 원색밖에 없었는데, 내가 남색 치마에 흰색 저고리를 소박하게 받쳐 입자 이번에는 너도나도 한복을 주문했어요.

더욱 다양한 색을 개발하기 위해 나는 실험을 거듭했답니다. 정성을 쏟을수록 주문이 더욱더 밀려들었고, 바느질하는 사람을 다섯 명이나 고용해도 시간을 맞추기 빠듯했어요. 돈도 많이 벌었지만, 내가 만든 옷을 입고 좋아하는 사람들을 보면 그렇게 뿌듯할 수 없었지요.

그런데 철석같이 믿었던 친척에게 속아 그동안 모은 재산을 모두 날리고 말았어요. 충격에 빠져 한동안 집에만 틀어박혀 있었지요.

그때 후배에게 전화가 왔어요.

"혼수품 전문 매장에 옷 가게를 한번 해 보세요. 언니라면 틀림없이 잘될 거예요."

겨우 몸을 추슬러 서교동에 있는 가게를 둘러본 나는, 지난 일은 잊고 새롭게 출발하기로 결심했어요. 보증금을 겨우 마련해서 세를 얻은 자리에 정성을 다해 가게를 꾸미고 '이영희 한국의상'이라는 간판도 달

앉어요. 내 이름을 정식으로 걸고 한복을 만들기 시작한 거예요.

유명한 혼수 가구점과 나란히 있다 보니 덩달아 가게도 잘되었어요. 현대식 쇼핑몰이라서 그런지 언론에도 많이 소개되었고, 내로라하는 집안에서 혼수 이불과 결혼 예복을 주문하기도 했지요.

"한복이 어쩜 이렇게 기품 있죠?"

손님이 점점 늘어나고 이름이 알려질수록 어깨가 무거워졌어요. 옷을 만들며 이런저런 한계를 느꼈기 때문이지요.

한복의 우아함을 살리기 위해 거무스름한 녹두, 어둠침침한 분홍과 같은 은은한 색깔의 천을 주문하면 공장에서 만들기 어렵다며 난감해 했지요. 그때만 해도 빨강, 노랑 등 원색이 대부분이었거든요.

스케치를 정식으로 배운 적이 없어서 생각을 제대로 표현하기도 쉽지 않았어요. 그리지 못하면 글로 쓰고, 색상 모음집에서 오려 붙여 색을 나타내기도 했지만, 더 많은 공부가 절실히 필요했어요.

나는 한복과 관련된 물건은 무조건 모았어요. 한복을 다룬 책이라면 전부 찾아 읽었지요. 대부분 석주선● 박사가 쓴 글이었기에, 박물관으로 선생님을 찾아갔어요. 박물관에 전시된 시대별, 신분별 의복 중에 내가 찾아 헤매던 색과 디자인을 발견했을 때는 기뻐 어쩔 줄 몰랐지요.

---

석주선(1911-1996) ● 한국 복식을 연구한 1세대 민속학자. 해방 직후부터 사라져 가는 복식 유물을 수집하고, 연구하여 한국 복식사의 기틀을 마련했다. 평생 동안 수집한 3천여 점에 달하는 유물은 현재 석주선기념박물관에 전시되어 있다.

석주선 박사를 만난 뒤, 나는 더욱 열정적으로 한복의 세계에 빠져들었어요.

대학원에 들어가 염직 공예를 배우는 한편, 틈만 나면 고미술품이나 골동품을 찾아다니며 옛 문양과 색감을 익혔지요. 전국을 몇 바퀴나 돌며 특이한 한복과 소품도 끌어모았어요. 종이로 된 수의, 조각보 등 이때 모은 자료들이 나중에 패션쇼 때마다 번뜩이는 영감을 주었답니다.

한복에 대한 아이디어가 날마다 무궁무진하게 떠올랐어요. 그때만 해도 여름에는 얇은 모시옷이, 겨울에는 두꺼운 양단*이 일반적이었는데, 한겨울에 얇고 화사한 노방* 옷을 과감히 내놓았지요. 신윤복의 그림 '미인도'에서 힌트를 얻어 밋밋했던 치맛말기*에 모란꽃을 수놓기도 했고요.

## 바람의 옷, 세계를 감동시키다

"한복은 색이데이."

어머니의 말에 담긴 뜻을 잘 알기에, 나는 무엇보다 다양한 색을 내기 위해 열정을 다 바쳤어요. 온갖 풀, 열매, 꽃을 재료로 삼아 실험을 거듭했지요.

특히 푸른 빛깔을 내는 식물 '쪽'을 백방으로 찾다가 어느 절의 스님이 키운다는 얘기를 듣고 한달음에 달려간 적도 있어요. 하얀 천에 쪽을 염색하면 처음에는 하늘빛을 내다가, 여러 번 염색할수록 짙은 바다빛으로 변하는 게 얼마나 신비로운지 모릅니다.

1980년, 한국의상협회가 창립되면서 한복 디자이너 10여 명이 합동

---

양단 • 은실이나 색실로 수를 놓고 겹으로 두껍게 짠 고급 비단.
노방 • 명주의 한 종류. 촉감이 까끌해서 주로 여름 옷감으로 쓰인다.
치맛말기 • 치마의 맨 위 허리에 둘러서 댄 부분.

패션쇼를 하게 되었고, 내게도 기회가 생겼어요. 패션쇼라고는 딱 한 번 구경한 게 전부였기에, 모든 준비와 진행 과정을 꼼꼼히 지켜보고 적어 두었답니다.

합동 패션쇼를 성공적으로 마치고 자신감을 얻은 나는, 6개월 후에 개인 패션쇼를 준비하기 시작했어요. 사계절 옷, 무녀복, 약혼복, 결혼복 등 테마가 있는 옷과 금사, 은사로 십장생을 수놓아 전통 문양을 살려낸 옷들은 큰 찬사를 받았어요.

그 이후 작품이 모이는 대로 계속 패션쇼를 열었어요. 그때마다 돈이 많이 들어서 빚을 내야 했지만, 열심히 한복을 만들어 갚곤 했지요. 그렇게 60회 넘게 패션쇼를 하는 사이에, 내 이름은 차츰 한복 디자이너의 대명사가 되어 갔답니다.

창덕궁 낙선재에서 자선쇼를 한 인연으로, 1983년 워싱턴에서 첫 해외 패션쇼도 하게 되었어요. 미국의 장관과 국회 의원들이 대감 갓과 도포를 쓰고, 여성들은 모시 한복을 입고 무대에 섰지요.

"정말 멋진 옷입니다. 원더풀!"

경탄하는 외국인들을 보면서 한복이 해외에도 통할 수 있다는 자신감을 얻었어요.

1984년 LA올림픽 개막식·폐막식, 1985년 일본 스쿠바 과학 박람회 기념 의상전 등 세계 곳곳에서 열리는 패션쇼에 참가하고 부지런히 구경을 다녔어요.

특히 프랑스 파리에서 열리는 프레타 포르테* 쇼는 빠짐없이 관람했답니다. 세계적인 디자이너들이 총출동해서 세계 패션의 전범을 보이는 그 자리에 서는 것은 모든 디자이너의 꿈이죠.

"여긴 어쩐 일이세요? 한복 하시는 분이 프레타 포르테 쇼는 봐서 뭐 하게요?"

나를 만난 한국의 기자 한 사람은 대뜸 이렇게 물었어요. 패션 담당 기자조차 한복을 경시할 정도로, 한국인 스스로 우리 옷에 대한 자부심이 없었던 거지요. 그러니 외국에서는 오죽하겠어요. 심지어 프랑스에서 한복은 '기모노 코레'로 불리고 있었답니다. 기모노의 짝퉁쯤으로 취급된 것이죠.

'한복이 먼저라는 걸, 아름다운 옷이라는 걸 꼭 보여 줘야 해!'

나는 굳게 결심했어요. 하지만 파리의 패션계는 동양권 디자이너에 우호적이지 않았어요. 한복은 모양이 똑같아서 패션쇼에 어울리지 않는다고 생각했지요.

"프레타 포르테 쇼는 옷을 팔기 위한 컬렉션이에요. 한복은 비효율적이라 여기에 맞지 않아요."

패션쇼 담당자가 거절했지만, 나는 포기하지 않고 한복의 전통미와 모던 한복의 실용성을 보여 주려 다양한 방법으로 노력했어요. 그 결

---

프레타 포르테 • 파리를 중심으로 뉴욕, 밀라노, 런던 등에서 열리는 패션쇼. 오트 쿠튀르와 달리, 실용적인 옷을 원하는 수요층을 위한 기성복을 선보인다.

과, 마침내 1993년 3월에 파리 패션쇼에 참가하게 되었답니다.

'어떻게 해야 우리 옷의 참된 멋을 제대로 알릴 수 있을까?'

고심하던 중에 '옷이 날개'라는 속담이 떠올랐어요. 선녀의 날개옷처럼 휘날리는, 한 장의 평면 속에 끝없는 변화를 담는 치맛자락만큼 상상력 넘치는 옷이 어디 있겠어요?

"맞아! 바로 그거야!"

나는 치마를 마음껏 활용하기로 했어요. 저고리 없이, 치마를 이브닝드레스처럼 만들면 프레타 포르테 쇼의 특징에 맞게 보통 사람들도 사입을 수 있을 것이었죠.

깊이 있고 신비한 한국의 색을 보여 주기 위해, 나는 천연 염색에 온갖 정성을 기울였답니다. 치마 뒷자락에 선을 넣는다든지, 앞이 터진 치마를 시도하는 등 전통적인 형태의 치마를 활용해 변화를 주었지요.

드디어 패션쇼가 시작되고, 어깨를 드러낸 모델들이 색색의 치마를 입고 나타나자 관객들은 숨죽였어요. 모델들이 맨발로 사뿐사뿐 걸을 때마다 치마의 실루엣이 바뀌며 하늘하늘 나부꼈어요.

쇼가 진행되는 중에 몇몇 기자가 눈물 흘리는 것이 보였어요.

'무슨 일이 생겼나? 왜 우는 거지?'

의아해서 나중에 알아보니, 우리 한복 색깔의 아름다움에 충격을 받아 울었다고 했어요. 사람들은 비로소 '진짜 동양 옷'이 나왔다고 평가했고, 프랑스 신문 〈르 몽드〉의 수석 기자는 '바람의 옷'이란 타이틀로

크게 소개했어요. 온몸을 묶고 죄는 일본의 기모노와 달리, 넉넉한 선과 자연스러운 색으로 나부끼는 한복에 '바람의 옷'이라는 이름은 더없이 알맞았지요.

　이후 한복을 '기모노 코레'라 부르는 사람은 더 이상 없었어요. '바람의 옷'은 한복을 일컫는 대명사가 되었고요.

## 익숙한 것에서 창의성을 발휘해야

2000년 카네기 홀에서 세계 최초로 우리 문화를 알리는 패션쇼를 하고, 그다음에는 평양까지 가게 되었어요. 같은 옷을 입고 살던 한민족이지만, 50년 넘게 단절되었기 때문에 한복도, 문화도 너무 달라졌지요. 그래서 프랑스나 한국에서처럼 어깨를 드러내고 치마만 입는 패션쇼가 북한에서는 불가능했답니다.

　'어떻게 하면 민족애를 느낄 수 있을까?'

　생각 끝에 기녀복과 조각 옷을 선택했어요. 기녀복은 남성 중심의 문화에 억눌렸던 여인들이 가슴에 품은 '끼'를 마음껏 풀어놓아 관객에게 웃음을 주었고, 조각 옷은 누덕누덕 기워 입던 6·25전쟁 직후의 아픔을 떠올리게 하였지요.

　마지막에는 '아리랑', '우리의 소원은 통일' 등의 노래를 함께 부르며

남북의 출연진, 관계자, 관객 모두가 눈물을 흘렸답니다. 문화와 감성으로 오랜 단절을 단숨에 뛰어넘었던 소중한 체험이었어요.

파리에서 연 패션쇼를 계기로 한복의 아름다움을 전보다 알렸지만, 세계 패션계의 또 다른 중심지인 뉴욕 디자이너들은 여전히 한복에 관심이 없었어요.

"우리 옷의 아름다움을 가까이서 볼 기회가 없어서 그래."

나는 뉴욕에 한복 박물관을 만들기로 결심했어요.

사실 박물관은 수입이 없고 지출만 생기기 때문에 웬만해선 개인이 운영하기 어렵지요. 그렇지만 한복을 만들며 돈을 먼저 따진 적은 없답니다. 하고 싶은 일, 해야 할 일이라면 돈을 전부 써 가며 했지요.

그래서 이번에도 갖은 노력을 다한 끝에, 여러 사람의 도움을 받아 뉴욕에 '이영희 박물관'을 열었어요. 지금도 뉴욕에 있는 이 박물관은 한복뿐 아니라 우리 문화를 알리는 창구 역할을 소박하지만 꾸준히 해 오고 있답니다.

"선생님은 참 운이 좋은 것 같아요."

사람들은 종종 내게 이렇게 말하지요. 나도 그렇게 생각하며 두루 감사하게 여깁니다.

하지만 한편으론 오직 운이 좋아서 얻은 결과가 아니라는 걸 알아요. 시대의 흐름을 항상 유심히 읽은 덕분에 새로운 변화를 시도할 수 있었고, 색깔이며 문양 하나에도 나만의 영감과 철학을 담은 덕분에 좋은

각국 정상들이 입은 두루마기는 자연에서 영감을 받은 색으로 디자인했다.

결과가 생긴 거라고 생각해요.

 자신만의 영감, 창의성은 디자이너로서 내가 가장 중요하게 여기는 요소랍니다. 대학에서 겸임 교수로 오랫동안 학생들을 가르쳐 오지만 옷 짓는 법을 꼼꼼히 알려 준 적은 없어요. 기술은 학원에서도 배울 수 있으니까요. 그보다는 시를 읊게 하고, 고요한 산사에서 시간에 따라 변하는 자연의 색을 느껴 보게 하는 등 감수성을 키우도록 이끌지요. 그래야 진짜 자기만의 색을 표현하는 디자이너가 될 수 있으니까요.

 내 경우에는 전통이나 자연 같은 익숙한 '우리의 것'에서 영감을 얻습니다. 2005년 11월에 아시아·태평양 경제협력체(APEC) 정상 회의가 열려 각 나라의 정상들이 입을 옷을 맡았을 때도 마찬가지였어요.

 '어떤 옷이 좋을까?'

나는 회담 장소인 부산의 누리마루를 직접 찾아가 연구했어요. 한국의 전통미를 잘 살린 회담장을 둘러보며, 양복 위에 입어도 편안하고 의젓한 두루마기야말로 정상들에게 어울리는 옷이라고 판단했지요.

색상은 주변에 있는 자연환경에서 가져오기로 했어요. 누리마루 앞에 출렁이는 푸른 바다와, 그 위로 끝없이 펼쳐진 하늘 빛깔을 가장 먼저 선택했어요. 다음으로 한국의 황토 빛깔과 누리마루를 에워싼 녹색 솔숲의 빛깔을 골랐지요. 지붕 기와의 회색과 산모롱이에 핀 들꽃의 보라색과 분홍색까지 더하여, 일곱 빛깔 두루마기를 완성했답니다.

한복은 자연에서 나온 옷입니다. 옷을 짓는 데 배워야 할 형태, 닮아야 할 색상까지 다 자연에 있었지요.

또한 한복 디자이너로서 새로운 아이디어를 내놓으려면 '창의성'이 있어야 합니다. 한복은 전통 복식입니다. 시대에 따라 끊임없이 변화하지만, 새것은 옛것에서 비롯된다는 사실은 변함없는 진리지요. 창의성은 항상 익숙한 것에서 나온다는 걸 기억하면 어렵지 않을 거예요.

그리고 처음부터 끝까지 가장 중요한 건 바로 '정성'입니다. 한복을 짓기 시작하면서 나는 어떤 옷이든 심지어 작은 보자기 하나라도 건성으로 만든 적이 없어요. 항상 정성을 다했기에 스스로 떳떳하고 긍지가 있지요. 그 마음이 '한복' 하면 이영희를 떠올리게 한 밑바탕의 힘이 되지 않았을까요.

선박의 안전을 책임지는
# 도선사 윤병원 이야기

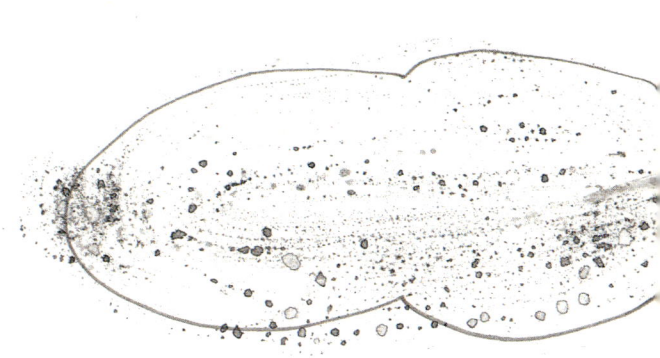

바다에는 안개가 잔뜩
끼어 있습니다.
파일럿 보트를 타고 서서히 대형 선박에
접근합니다.
"조심해서 올라오십시오, 도선사님."
"예, 염려 마십시오."
나는 밝은 목소리로 힘차게 대답합니다.

시속 10~20노트(Kt)로 움직이는 선박 가까이에 파일럿 보트가 바짝 붙었을 때, 선박에서 내려온 외줄 사다리●로 재빨리 올라섭니다. 그리고 줄을 잡고 한 발 한 발 올라가기 시작합니다.

도선사에게는 이 순간이 가장 위험합니다. 오늘처럼 안개가 짙거나 강풍이 부는 날, 또 추위에 얼음이 꽁꽁 얼어붙은 날은 특히 조심해야 합니다. 자칫 미끄러지면 바다에 떨어질 수 있기 때문입니다.

물론 그런 일은 거의 일어나지 않습니다. 도선사 면허는 적어도 20년 이상을 바다에서 일하며 산전수전 겪어야만 취득할 수 있거든요.

요즘은 '파일럿(pilot)' 하면 항공기 조종사를 먼저 떠올리지만, 원래 파일럿은 수로 안내인을 의미하는 '도선사'에서 비롯된 말입니다.

도선사는 대형 선박이 안전하게 항만을 출입할 수 있도록 안내하는 직업입니다. 나라와 지역마다 항만과 항로가 다르고, 조류에 차이가 있습니다. 무턱대고 대형 선박이 들어왔다가는 큰 사고가 날 수 있지요.

부두가 마비되면 국가적인 물류 대란으로 이어질 수 있기 때문에, 나라마다 법으로 정해 뱃길과 항만을 잘 아는 도선사의 인도를 받는 것입니다.

각국의 선원과 소통하며 대형 선박의 안전한 입출항을 돕는 일이 쉽지만은 않습니다. 하지만 책임만큼 보람과 긍지를 가질 수 있으며, 소

---

● 외줄 사다리에는 비틀어지지 않도록 다섯 칸마다 긴 발판이 있다. 오르내릴 때에는 발판을 잡으면 위험하기 때문에 반드시 줄을 잡아야 한다.

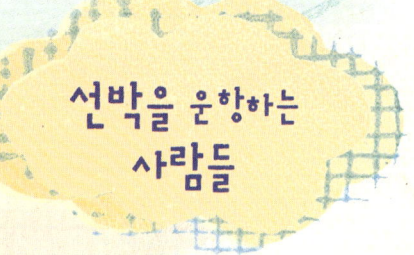

## 선박을 운항하는 사람들

**도선사** 암초, 조류 등 현장 지식을 갖추고 특정 장소에서 승선하여 선박이 항만이나 연해에서 안전하게 입출항하도록 인도한다. 항로와 속도를 조정하거나 암초 같은 위험물을 피해 안전하게 운항하도록 지휘한다.
3등 항해사, 2등 항해사, 1등 항해사의 경력을 쌓은 뒤, 총 6천 톤 이상의 선박을 모는 선장으로 5년 이상 근무해야만 도선사 자격시험을 볼 수 있다.

**항해사** 항로 설정, 선박 위치 측정, 선박 내 인사 관리 등 선박의 운항에 관련된 일을 전부 담당한다.
선박의 최고 책임자인 선장은 선박과 인명의 안전을 책임지고, 선박 내 모든 활동을 지휘할 권한을 가진다.

**기관사** 항해 중에 선박을 움직이는 추진 동력인 주기관 및 발전기, 보일러, 각종 펌프 등 보조 기계를 포함해 모든 기관 장치의 상태를 관리하고 정비한다.
기관장은 기관부의 책임자로, 선장을 돕고 기관부를 관리하는 역할을 한다.

자동차를 운반하는 선박 두 척이 도선사가 운전하는 예인선의 도움을 받으며 부두에 붙이고 있다.

득 또한 높은 편입니다. 그래서 항해사와 선장들 대부분은 마지막 꿈으로 도선사를 꼽습니다.

## 어린 시절의 꿈

'도선사'라는 직업을 알게 된 것은 어린 시절이었습니다.

　마을의 초등학교 근처에는 탱자나무 울타리가 길게 자리한 큰 저택이 세 채 있었습니다. 바로 도선사들이 사는 집이었죠. 그들은 부유한 데다 지역에서 존경받는 유지였습니다.

　'커서 도선사가 되면 얼마나 좋을까.'

　그 집 앞을 지날 때마다 그런 생각을 했습니다.

　하지만 나는 공부에 흥미가 없었고, 학창 시절에 성적이 별로 좋지 못했습니다. 집안도 어려웠기에 좋은 대학의 인기 있는 학과에 가려는 노력 대신에 부산의 상선 전문대학에 진학했습니다.

　졸업한 후에는 미국과 일본 합작 회사에서 외항선을 타는 항해사가 되어, 바다 곳곳을 누볐습니다. 그러다 보니 자연스레 도선사들이 일하는 모습을 자주 보게 되었지요.

　'나도 언젠가 도선사가 될 수 있을까?'

　어렸을 때의 꿈이 마음에 다시 생생하게 자리 잡았습니다.

'포기하지만 않으면 할 수 있어. 남보다 머리가 나쁘면 두 배로 노력하면 되잖아? 난 머리가 나쁘다고 생각하고, 두 배로 노력해 보자.'

꿈을 이루기 위해 도선사 시험을 준비하기로 결심했습니다.

항해사는 하루에 여덟 시간 이상 서서 일하기 때문에 근무가 끝나면 다음 근무를 위해 쉬어야만 합니다.

'오늘 시간을 투자하지 않으면 내일 거둘 게 없지.'

쉬는 시간 대부분을 영어 공부를 하며 보냈습니다. 선박이 세계 각국으로 다니기 때문에 당장 의사소통을 위해서도 필요했습니다.

학창 시절에 다른 과목은 잘 못했지만, 평화봉사단 미국인 대학생에게 발음을 배우기 시작한 영어는 잘하는 편이었습니다. 영어 공부를 5~6년 꾸준히 했더니, 미국에 있는 회사 본사에도 영어를 잘한다고 소문날 만큼의 실력이 되었습니다.

일도 열심히 한 덕분에 2등 항해사와 1등 항해사를 거쳐, 동급생 가운데 가장 먼저 선장으로 진급하게 되었습니다. 성실하게 꾸준히 노력하니 운도 따른 거지요.

## 선장 시절의 일화

선장으로 일하던 시절에 한번은 이런 일이 있었습니다.

10만 톤 급 선박에 원유를 가득 싣고, 인도네시아에서 일본으로 가는 길에 엄청난 태풍을 만나게 되었습니다. 다른 배는 태풍을 피해 모두 남중국해로 다시 내려갔습니다.

"일본의 정유소에 기름이 바닥나기 직전이라니 가 봅시다. 뱃길만 잘 잡으면 안전하게 도착할 수 있습니다."

우리는 일본으로 계속 가기로 결정하고, 오키나와 열도를 좌우로 왔다 갔다 하면서 북상했습니다. 다행히 아무런 피해 없이, 되돌아갔던 다른 선박보다 열흘 이상이나 먼저 일본에 도착할 수 있었습니다. 정유 회사는 무척 고마워했습니다.

"정유 시설을 한 번 중단하면 다시 가동하는 데만 한 달 이상 걸립니다. 덕분에 피해를 면하게 되었어요."

그날의 일 덕분에 화물 수송 일거리를 구하기 어려웠던 시절에 우리 회사는 그 정유 회사와 연달아 열 번이나 계약할 수 있었지요.

"선장님이 영업까지 하셨군요."

대형 원유선이 1년 이상 투입되는 화물 일거리가 확보되니 도쿄의 영업 부서뿐 아니라 전 직원이 기뻐했습니다.

사실 내게는 그보다 일본으로 올라오는 동안에 부득이 지나야 했던 초특급 태풍의 중심이 더 인상 깊었습니다.

거대한 회오리바람이 이동하는 태풍의 가운데는 '태풍의 눈'이라는 지름이 수십 킬로미터에 달하는 큰 구멍이 하늘까지 뻗어 있습니다. 우리 배가 태풍의 눈을 지날 때는 새벽 3~4시경이었습니다. 그런데도 태양과 접한 회오리바람의 구멍 위쪽에서 빛이 산란*되어 내려와 바다가 하나도 어둡지 않았습니다.

게다가 바람이 엄청나게 센데도 파도가 생기지 않았습니다. 바람이 하도 거세다 보니 파도가 생기자마자 마루* 부분을 부숴 버려 거품이 되고 있었지요.

"태풍의 눈은 바람이 없고 고요하다고 하더니 그렇지도 않네요."

"그러게 말일세."

온 바다에 높이가 20~30미터나 되는 물거품이 바람을 따라 빠르게 수평으로 이동했습니다. 물거품의 속도가 어찌나 빠른지 배 철판의 녹이 벗겨질 정도였습니다.

태풍의 눈을 벗어나자, 물거품 대신 파도가 일기 시작하더니 몇 시간 후에는 엄청나게 크고 긴 너울이 되었습니다. 길이가 300미터나 되는 큰 선박인 우리 배가 너울의 경사면을 따라 미끄러져 오르락내리락할 정도였지요.

당시 캠코더를 갖고 있었지만 촬영하지 않았습니다. 대자연의 장엄한 비밀을 찍는 것이 어쩐지 불경스럽게 느껴졌기 때문입니다.

---

산란 • 파동이나 입자가 물체와 충돌해서 여러 방향으로 흩어지는 현상.
마루 • 파도가 생길 때 치솟은 물결의 꼭대기.

## 도선사의 길

선장으로 근무하던 8년 동안, 업무 시간 외에는 대부분 도선사 자격시험을 공부하며 보냈습니다.

"선장님, 커피 한 잔 하시죠."

"괜찮네, 끊었다네."

"술과 담배도 끊으셨는데, 이제 커피까지 끊으셨어요?"

놀라는 선원들도 있었지만, 내가 끊은 건 그것만이 아니었습니다. 신문, 잡지, 비디오를 보는 것도 끊어서, 잘 알려진 연예인이나 정치인을 나만 모를 때도 있었습니다. 유일한 오락이라면 가족이 보내온 영상을 보거나 탁구를 치는 게 전부였습니다.

시험을 보기 직전 3~4년은 정말 열심히 공부했습니다. 학창 시절 14년보다 더 많이 공부한 것 같습니다.

도선사는 특별한 분야라서 국내에 전공 서적이 별로 없습니다. 그래서 먼저 합격한 선배들의 노트를 참고하며 공부했고, 미국과 일본에서 구입한 전공 서적을 수백 장씩 베껴 쓰며 같은 부분끼리 모으고 정리하는 일을 되풀이했습니다.

볼펜으로 쓰면 손가락에 굳은살이 많이 생길까 봐 만년필을 썼지만, 수백 장씩 정리하다 보면 손가락 끝에 콩알 같은 굳은살이 생기기 일쑤였습니다.

마지막에는 운항 과목과 법규를 800장씩 정리하여 두 권짜리 책으로 만들었습니다. 쓰기 연습이 잘된 덕분에, 과목당 90분인 논술형 시험에서 무려 열여덟 장씩 답안을 써서 높은 점수를 받고 도선사 자격 시험에 합격할 수 있었지요.

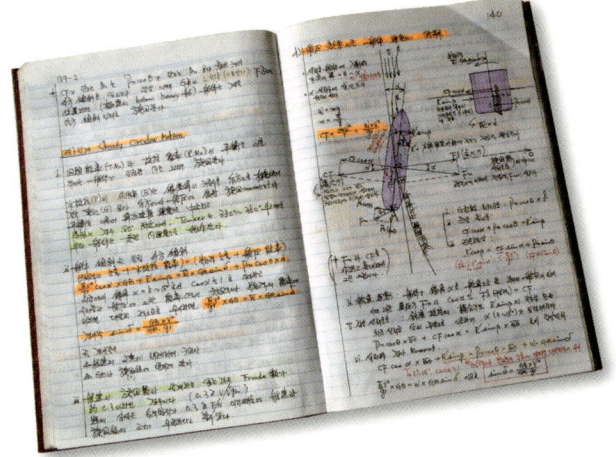

공부할 당시에 직접 손으로 써 가며 정리한 노트이다.

내가 정리한 자습서는 이후에 후배 선장들에게도 인기가 높았습니다.

도선사가 되려면 해양계 대학을 졸업하고, 항해사와 선장의 경험을 충분히 쌓아야 시험에 응시할 자격을 얻습니다. 응시를 한다고 해도 합격은 쉽지 않습니다. 20대 중반에 항해사가 되어, 30대 중반에 선장을 하더라도 40대 중반에 도선사가 되면 가문의 영광이라는 말도 있습니다.

학창 시절, 성적이 좋지 못했기에 도선사가 되려면 남들보다 두 배로 열심히 해야 한다고 생각했습니다. 그래서 더 많이 공부했는데, 막상 합격하고 보니 가장 나이가 어렸습니다. 한눈팔지 않고 꾸준히 노력한 덕분에 목표를 빨리 이룰 수 있었다고 생각합니다.

세계적으로 무역이 활발해지면서 선박도 갈수록 커지고 있습니다. 이에 비해 정박지나 부두는 달라진 게 별로 없습니다. 항로와 정박지를

새로 만들자면 수천 억의 비용으로도 부족하기 때문입니다.

좁은 항만 시설*에서 큰 선박들이 사고 없이 드나드는 비결은 '양보와 배려'입니다. 예를 들어, 당진항의 현대 제철에 입항하는 거대 원료선은 물이 들어오는 시간에 항로를 통과해야 합니다. 다른 선박의 양보 없이는 입항이 불가능할 뿐 아니라, 제시간에 들어오지 못하면 물이 빠져서 선박이 항로에 얹혀 부러지는 사고가 발생할 수 있습니다.

따라서 도선사들은 큰 배를 사고 없이 이동시키기 위해, 언제나 상대방의 입장을 헤아리는 자세로 일합니다.

## 어렵고 무서워도 도전하는 용기

실패하는 방법을 알면 성공하기 쉽다고 합니다. 실패의 원인을 미리 피할 수 있기 때문이지요. 초기 미국 이민 시절, 어느 선구자가 한 말을 나는 늘 가슴에 새기고 있습니다.

"실패의 원인은 바로 3무(無)입니다. '무관심, 무책임, 무기력'이지요."

도선사가 된 후에도 이 3무를 멀리하려고 노력했습니다. 도선사가 타고 이동하는 파일럿 보트의 개선과 설계 같은 일에도 관심을 가지고

---

항만 시설 • 정박지, 부두 등 선박을 대어 화물이나 사람이 오르내릴 수 있도록 만든 시설.

계속 연구하고, 난이도가 높은 선박의 조종뿐만 아니라 선박과 해양에 관련된 다양한 일을 해 왔습니다.

지금은 한국해양대학교에서 선박 조종술 박사 과정을 공부하고 있습니다. 누구나 쉽게 읽을 만한 서적을 남기고 싶어서 학회와 간행물에 발표했던 선박 조종에 관한 글들을 정리하는 중입니다.

어린 시절에 나는 부끄럼이 많고 소심해서 어떤 일에 용감하게 도전한 적이 별로 없었습니다. 하지만 배를 타고, 도선사 자격시험에 도전하면서 깨달았습니다. 용기란 '겁이 없는 게 아니라 어렵고 무서워도 참고 도전하는 것'임을 말이죠. 하고자 하는 일에 도전한다면 누구든 소중한 일을 해낼 수 있습니다.

나의 도전은 또다시 '해사법'이라는 다른 분야에서 진행 중입니다. 원래 '치매 방지 프로그램'을 새로운 분야로 선택했지만, 태안 유조선 사고˙ 때 법률 자문을 하다 보니 전문적으로 공부하고 싶어 다시 사이버대학교에서 법학과를 졸업한 것이 도전의 발단이 되었습니다.

도전은 실패가 아니고 포기에서 끝난다고 합니다. 남들보다 뒤처졌다는 기분이 들거나 이미 늦었다는 생각이 들 수 있지만, 그때가 바로 시작할 시기라고 말하고 싶습니다. 꾸준히 노력하면 목표를 이룰 수 있을 것입니다.

---

태안 유조선 사고˙ 2007년 12월 7일, 충남 태안 앞바다에서 유조선이 해상 기중기와 충돌해 바다에 원유가 유출된 해양 오염 사고.

한글사랑 한글

한글

한글사랑

# 사랑 한글사랑

글꼴을 짓는
**한글 디자이너 석금호 이야기**

'바탕체', '고딕체', '필기체' 같은 단어를 본 적 있을 겁니다.

똑같은 단어도 글자의 생김새마다 느낌이 다릅니다. 사람의 표정에 따라 전해지는 감정이 다르듯, 글자도 모양에 따라 전달되는 정서가 달라집니다.

아래의 한글 글꼴*을 한번 비교해 보세요. 논술 숙제를 할 때 어떤 글꼴이 어울릴까요. 좋아하는 친구에게 편지를 보낼 때는 어떤 폰트*를 선택하고 싶나요?

산돌광수
산돌고딕네오1
산돌종이학

요즘은 예쁘고 개성 있는 한글 폰트를 다양하게 고를 수 있습니다. 기업이나 관공서는 자기만의 폰트를 개발해 브랜드 가치를 높이기도 하지요.

하지만 1980년대 초반까지만 해도 한글 글꼴은 종류가 얼마 되지 않았어요. 일본에서 수입한 한글 자판과 사진 식자기●로 책을 만들고 있었고요.

"한글을 일본에서 수입한다고요?"

나는 큰 충격을 받았어요. 너무 자존심 상하고 부끄러워 얼굴이 화끈거렸지요. 나중에 아이가 태어나면 이렇게 물을 것만 같았어요.

"아빠, 아빠는 디자이너잖아요. 일본에서 한글을 사다 쓰는 걸 보고만 있었어요? 아빠는 그때 뭘 했죠?"

다음 세대까지 한글을 수입해서 책을 만들게 할 수는 없었어요.

'나라도 한글 글꼴을 한번 개발해 보자.'

결국 나는 직장에 사표를 내고 홀로 한글 글꼴 디자인에 뛰어들었어요.

하지만 그때만 해도 한글 글꼴을 판매할 시장도 없었고, 판다는 생각조차 할 수 없었어요. 그래서 컴퓨터 조판이 일반화되기 전까지 10

---

글꼴 ● 글자가 이루어진 모양. 서체라고도 한다.
폰트 ● 활판이나 워드로 찍어 낸 문자인 '활자 꼴'보다 넓은 개념이다.
사진 식자기 ● 주조 활자 대신 사진으로 문자를 한 자씩 인화지나 필름에 찍는 기계.

년 가까이 수입이 거의 없었어요. 처음 3년은 라면만 먹고 살아야 했지요. 그래도 한글을 그리는 작업이 정말 즐겁기만 했어요.

　내가 원래 낙천적이라서 어려움을 잘 견뎌 낸 건 아니에요. 학창 시절에는 유난히 어둡고 우울한 성격이었지요.

## 성장기의 오랜 방황

내가 태어난 곳은 경기도 광주 동부면이에요. 집 뒤에 산이 있고, 마을 주위 들판을 가로질러 맑은 개울이 흐르는 전형적인 시골 동네였지요.

　우리 집은 한글 미음(ㅁ) 자 형태로 지어진 너른 기와집이었어요. 앞마당에 우물이 있고, 뜰에는 포도 넝쿨이 우거져 있었으며, 사계절 내내 꽃들이 번갈아 피었어요.

　아버지는 대장장이로 농기구를 만들어 팔며, 자동차 수리도 겸했어요. 수천 평 땅이 있어 농사도 넉넉히 지었는데, 사업도 같이하니 살림이 풍족했어요.

　"이 집 농기구가 그렇게 튼튼하고 예쁘다면서요? 소문이 자자해서 찾아왔어요."

　아버지가 만든 낫이며 호미, 곡괭이는 빼어나게 아름다웠어요. 아버지는 단순한 기술자가 아니라 뛰어난 장인이자 예술가였던 거지요. 아버지가 만든 농기구가 모양도 예쁘고 오래 써도 망가지지 않을 정도로 튼튼하다는 사실이 널리 퍼져서 아주 먼 동네에서도 손님이 많이 찾아왔어요. 집에는 항상 사람들이 북적거렸지요.

"맛있게들 잡숴요. 음식이 모자라면 말씀하시고요."

어머니는 끼니마다 많은 사람을 거둬 먹이곤 했어요.

베풀기를 좋아하고 잔정이 많은 어머니와, 겉으로는 엄하지만 속사랑이 깊은 아버지 밑에서 8남매 중 막내로 듬뿍 사랑받았지요. 별다른 문제가 없는 환경인데도 나는 어릴 때부터 삶에 의문을 품었어요.

'나는 왜 태어난 걸까? 사람은 왜 태어나고 죽는 거지? 죽으면 어떻게 되는 걸까?'

초등학교 고학년이 될수록 고민은 더욱 심각해졌어요. 왜 살아야 하는지 이유도 알지 못한 채 그냥 사는 것이 이상하고 답답했어요.

'책에는 내가 찾는 답이 있을지 몰라.'

중학생이 된 나는 세계 문학 전집과 한국 문학 전집을 독파하고, 닥치는 대로 책을 읽기 시작했어요. 따져 보면 도서관 한 채를 채울 분량은 족히 읽어 치웠을 거예요.

하지만 동서양의 위대한 정신을 접할수록, 현실의 작고 못생긴 내 모습이 더욱 초라하게 느껴졌어요. 나는 갈수록 말이 없고 어두워졌지요.

고등학교는 고향을 떠나 서울의 인문계 학교를 지원했어요. 그런데 같이 시험을 본 친척은 합격하고, 나만 떨어져서 많이 슬펐어요. 공업

고등학교에 들어갔지만 마음을 붙일 수 없었고, 열등감에 빠져 심하게 방황했어요. 삶은 고통으로 가득 차 있었고, 숨 쉬는 것조차 힘겨웠지요.

## 아무도 가지 않은 길을 가다

내가 좋아하고 잘하는 것이 있다면 바로 미술이었어요.

어릴 때부터 만화 그리기를 좋아했고, 학창 시절에 그림으로 상을 탄 적도 여러 번 있었지요. 아마 아버지로부터 물려받은 예술적 재능이 있었나 봅니다.

성적이 좋지 못해 쉽지 않았지만, 우여곡절 끝에 미대에 들어갈 수 있었어요. 그러나 대학 생활에도 흥미를 느낄 수 없었고, 여전히 삶은 무의미하기만 했어요.

그런데 군대 제대를 앞두고 특별한 깨달음의 순간을 만났어요. 우주에 가득한 하나님의 사랑을 강렬히 체험한 거예요.

'나는 이유 없이 태어난 게 아니었어. 세상에서 꼭 해야 할 나의 일이 있는 거야!'

나는 기쁨의 눈물을 흘리며 외칠 수 있게 되었어요. 살아 있다는 것 자체가 감격이었어요.

제대를 하고 대학에 복학해서는 열심히 공부하면서 장학금까지 받을 수 있었어요. 졸업 후에는 당시 세계적으로 아주 유명했던 국제 잡지사에 취직하게 되었지요. 그곳에서 한글 글꼴 연구의 선구자 김진평* 선배를 만났는데, 짧은 만남이었지만 내게는 큰 행운이었어요.

선배를 통해서 한글이 얼마나 아름답고 뛰어난 문자인지 알게 되었거든요. 또한 글꼴에 있어 글자의 모양도 중요하지만, 무엇보다 가독성이 있어야 한다는 사실을 깨달았죠.

'독자들이 불편하지 않게 글을 읽도록 만들어야 해.'

나는 이론을 더 깊이 공부하려고 대학원에도 들어갔어요. 시지각과 인지학, 심리학과 안과학 등 독서와 관련된 과목을 두루 공부하며, 지식을 꾸준히 쌓았지요.

하지만 그때까지도 평생 사명감을 갖고 해야 할 나만의 일을 찾지 못해, 마음 한편이 늘 초조하고 답답했어요.

그러던 중, 앞에서 말한 것처럼 일본에서 사진 식자기와 한글 자판을 수입해 쓴다는 사실을 알고 며칠을 고민한 끝에, 나라도 한글을 개발해야겠다는 결심을 하게 된 거지요.

아무 대책도 없이 회사를 떠나겠다고 하자 모두 말리려 했지만, 내 결심을 바꿀 수는 없었어요. 앞으로 다시는 외국에서 한글을 수입해 쓰는 수치를 당하면 안 된다는 각오밖에 없었으니까요.

---

김진평(1949-1998) • 2세대 한글 디자이너. 1970년대 한글 활자 꼴의 황무지 시대부터 끊임없이 한글을 연구해, 한글 글꼴의 역사적 정리와 한글디자인 교육에 크게 기여했다.

1984년 당시만 해도 한글 글꼴 개발과 관련된 분야는 거의 황무지였어요. 맨바닥부터 시행착오를 거치며 모든 것을 하나하나 만들어야 했지요.

한글 글꼴 한 벌을 완성하기 위해 2,350개의 글자 모양을 일일이 손으로 디자인했어요. 한 벌을 완성하는 데만도 6개월이 넘게 걸리는 지루하고 힘든 작업이었지요.

또 글꼴을 완성한 후에도 사람들이 편안하게 독서할 수 있도록 글자나 낱말의 간격을 맞추고, 한글에 어울리는 영문과 숫자도 함께 디자인해야 하기 때문에 시간과 노력이 많이 들었어요. 이때 대학원에서 공부해 둔 지식이 든든한 밑바탕이 되었지요.

## 성장과 발전, 그리고 위기

대학에서 강의도 하고, 아르바이트 삼아 잡지사에서 받은 디자인 일을 하며 얼마씩 버는 돈은 데리고 있던 제자들에게 용돈으로 주었어요. 내 주머니는 늘 텅텅 비어 있었지만, 한글 글꼴 개발이 너무나 즐겁고 보람 있었어요.

7, 8년 동안 우직하게 한글 글꼴 개발에 매진했는데, 갑자기 놀라운 일이 벌어졌어요. 개인용 컴퓨터가 세상에 나오면서 컴퓨터의 저장 기

능을 이용한 폰트 개발이 가능해진 거예요. 주조 활자 시대가 끝나고 사진 식자기 시대가 지속되다가, 본격적으로 컴퓨터 활자 시대가 열린 거죠.

갑자기 한글 폰트의 수요가 폭발적으로 생겨났어요. 나로선 전혀 예상치 못한 움직임이었지요.

1990년대 초반 '산돌글자은행'은 한글 글꼴 개발에 관한한 기술과 경험과 지식을 이미 충분히 갖추고 있었어요. 우리 회사는 흐름에 맞춰 '산돌커뮤니케이션'으로 명칭을 바꾸고, 컴퓨터 환경에 빠르게 적응하면서 두각을 나타내기 시작했어요.

"LG전자에서 레이저 프린터용 폰트 개발을 우리 회사에 맡겼네."

"우아, 그게 정말입니까?"

처음으로 4천만 원이라는 거금에 계약을 체결했을 때의 감격이 아직도 생생해요. 고생 끝에 드디어 우리의 가치를 인정받은 순간이었죠.

LG전자에 이어 건설교통부 등과도 폰트 개발 및 사용 협정을 차례로 맺었어요.

1999년에는 조선일보가 세로쓰기에서 가로쓰기로 신문 판형을 바꾸며, 국내 신문사 가운데 처음으로 가로쓰기 전용 본문 글꼴을 개발할 업체를 공모했지요.

우리 회사는 철저히 준비해서 프레젠테이션에 임했고, 마침내 글꼴을 공급하게 되었어요.

### 신문의 작업 과정은 어떻게 변해 왔을까?

**주조 활자** 기자가 원고지에 쓴 기사를 보고, 주조 활자를 한 자 한 자 뽑아 핀셋으로 한 줄씩 조판하는 방식이었다.

**사진 식자기** 식자기를 사용해 인화지나 필름에 직접 한 자씩 찍어 냈다. 1980년 초까지도 일본 회사에서 만든 사진 식자기를 수입해 신문을 만들었다.

**컴퓨터 활자** 간단한 컴퓨터 조작만으로 신문의 편집, 교정, 인쇄 작업이 가능해졌다.

### 신문사, 가로쓰기를 시작하다!

1988년 한겨레가 가로쓰기 판형으로 창간되고, 중앙일보도 1995년에 판형을 바꾸는 등 변화가 있었으나 당시에는 대부분의 신문사가 세로쓰기 전용으로 개발된 글꼴을 그대로 가로쓰기에 사용하고 있었다.

하지만 세로쓰기 전용 글꼴은 낱글자의 너비가 일정해야 하기 때문에, 가로쓰기로 사용하면 가독성이 떨어지는 문제가 있었다.

얼마 뒤 2001년에는 중앙일보도 바꾼 판형에 맞춰 글꼴 개발 업체를 공모했는데, 이번에도 우리가 선정되었어요.

"경쟁사의 폰트를 개발했는데 왜 우리 회사를 택했습니까?"

"이미 성공적으로 일을 해냈으니 믿음직해서죠."

우리 회사는 어느새 한글 글꼴 개발 업계의 대표 주자가 되었어요.

큰 신문사 두 곳의 폰트를 개발하고 나니, 규모가 있는 일거리가 계속 들어왔어요. SK텔레콤, 고려대학교, 삼성그룹, 현대카드 외에도 미국 마이크로소프트 본사와 윈도우 비스타용 기본 글꼴인 '맑은고딕'을 개발하는 등 회사는 성장을 거듭했지요. 네이버와 함께 '나눔고딕'과 제주도 전용 글꼴도 개발했어요.

제자들만 데리고 어렵게 운영하던 회사가 직원만 40명이 넘는 중소기업이 된 거예요. 회사가 갑작스레 커지니 경영에 위기가 닥쳐왔어요. 조직 관리에 어려움을 겪었지요.

직원들은 불만에 차 있었고, 모두 행복하지 않아 보여서 고민이 많았어요. 물론 나도 행복하지 않았죠. 잘한다고 하는데 도대체 뭐가 문제인지 알 수 없어서 회사를 포기하고 싶은 마음이 굴뚝같았어요. 하지만 내가 포기하면 한글 개발은 누가 책임질까 생각하니 도저히 회사를 닫을 수 없었어요.

마음을 다잡고 카이스트 대학원에 들어가 경영자 과정을 다시 공부했어요. 내게 부족한 점이 무엇인지 알고 싶었고, 직원이 행복하게 일할 수 있는 방법을 찾고 싶었거든요. 직원들을 이해하려고 노력했어요.

소통하며 함께 변하려고 노력하는 사이에 회사의 위기도 넘길 수 있었고, 서로 존중하며 일에서 작은 행복을 경험하는 분위기로 바뀌었어요.

## 한글을 생각하면 가슴이 뛴다

지금 나는 한글을 중심으로 한 여러 사업을 펼치고 있어요. 한글 폰트를 개발하는 '산돌커뮤니케이션' 말고도 다양한 한글 디자인 제품과 온라인 콘텐츠를 개발하고 판매하는 '산돌틔움'도 경영하지요. 세계인의 생활 속에 파고든 영어처럼, 한글도 일상에 친근하게 스며들도록 해야겠다고 생각해서 시작한 일이죠.

"사업성이 없을 텐데 왜 그런 일을 하죠?"

어떤 사람은 이렇게 물어요. 하지만 나는 현실적인 조건이나 돈을 먼저 생각한 적이 한 번도 없어요. 해야 할 일, 가치 있는 일이라 생각되면 묵묵히 해 왔지요.

프로정신(Professionalism), 열정(Passion), 가치 있는 행동(Practice).

산돌의 경영 이념인 '3P 정신'이에요. 수익과 관계없이, 우리 문화와 정신을 가꾸는 사업이라면 여기에 부합하는 '가치 있는 행동'인 거죠.

자라나는 우리 어린이들에게 한글이 얼마나 자랑스럽고 뛰어난 우

리 고유의 문화유산인지 알려 주고 싶어요. 그래서 강연을 다니며 더 많이 노력하고 있지요.

우리가 가진 한글이 얼마나 소중한 것인지 모르는 채로 산다면, 그건 한국인으로서 굉장히 부끄러운 일일 테니까요.

언젠가는 해외에도 한글 체험 공간을 만들고 싶어요. 세계인의 생활 속에 한글 디자인 제품이 자연스럽게 자리 잡게 하고 싶고요. 그런 생각만으로 나는 가슴이 뛰어요. 꼬부랑 할아버지가 되어도 한글은 여전히 내 가슴을 뛰게 하겠지요.

가야금을 타던 괴짜 남학생
# 국악인 황병기 이야기

어렸을 때 나는 공부를 못하는 낙제생이었습니다. 시험만 보면 꼴찌를 면치 못했지요.

"학교에 가기 전에는 제법 총기가 있었는데, 공부를 왜 이리 못할까요?"

"맨날 뛰어놀기만 하니 그렇지 않겠소."

부모님은 나 때문에 걱정이 많았습니다. 딸을 낳고 16년 만에 얻은 삼대독자라 기대가 컸는데, 공부를 영 못하니 말입니다.

그런데 어느 날 친척 아저씨가 우리 집으로 왔습니다. 시골에서 초등학교 선생님을 하다가 서울대에 입학한 아저씨였는데, 부모님이 내 가정 교사를 부탁한 것이었죠.

"제가 가르쳐서 한 학기 만에 우등생으로 못 만든 아이가 지금껏 단

한 명도 없습니다."

아저씨의 큰소리에 나는 속으로 대꾸했답니다.

'그 한 명이 바로 나일걸요?'

나는 아저씨만 보면 달아나기부터 했습니다. 붙잡고 공부를 시킬까 봐, 밥을 먹다 말고 도망간 적도 있었지요. 그런데 어찌된 셈인지 아저씨는 일주일이나 나를 가만히 놔두었습니다.

그러다 하루는 내가 붓으로 쓴 글씨를 보고, "어른 흉내를 내지 않고 어린이답게 잘 쓴다."라고 칭찬을 했습니다. 내가 듣기에도 그럴듯한 말이어서 그때부터는 도망가지 않았답니다.

아저씨는 뒹굴뒹굴 놀며 삼국지 얘기를 들려주었습니다. 그런데 어찌나 흥미진진하던지 나는 이야기에 푹 빠지고 말았습니다. 맞춤법을 어려워하는 내게 아저씨는 '고, 다, 지, 으니, 어서(아서)'를 붙여 발음해 보라고 가르쳐 주었습니다. '앉고, 앉다, 앉지, 앉으니, 앉아서' 이런 식으로 말이에요. 자연스럽게 국어 공부를 했던 겁니다.

아저씨는 헌책방에서 사 온 화집을 엽서만 한 종이에 베껴 그리게 하고, 자신도 옆에서 같이 그렸습니다. 느티나무며 의자 같은 걸 그리다 보니 재미가 나서 더 그리려고 하면, 아저씨가 오늘은 그만하자며 수업을 접었지요.

"나는 공부를 가르쳐 주려고 온 사람이 아니야. 공부가 재미있다는 걸 알려 주러 온 거야."

아저씨는 내 손을 잡고 숭례문을 거닐며 조선 왕조 이야기를 해 주었어요. 역사 공부였지요. 일요일에는 학교에 가서 풍금을 치며 동요를 같이 불렀습니다. 음악 공부였어요.

나는 점점 공부가 재밌어졌고, 나중에는 스스로 공부를 찾아서 하게 되었어요. 그러자 성적이 쑥쑥 오르기 시작하더니 3학년 2학기 때부터 우등을 하고, 4학년부터는 졸업할 때까지 일등을 했답니다.

국악을 알게 된 것도 아저씨 덕분이었어요. 반 학예회에서 원님 역을 맡게 되었다고 하자, "그럼 우리나라 고전을 봐야겠구나." 하며 창극● 공연에 데려가 주었거든요.

이동백, 정남희, 임방울, 박녹주 같은 명창들이 나온 「춘향전」이었지만, 무슨 말인지 나는 하나도 모르겠고 지루해서 죽을 뻔했어요. 그런데 아저씨는 여간 좋아하지 않았답니다.

"이리 오너라. 업고 놀자."

명창 흉내를 내기도 하며 흐뭇해하는 아저씨가 신기하기도 하고 부럽기도 했어요.

'나도 언젠가 아저씨처럼 국악이 좋은 걸 느낄 수 있으면 좋겠어.'

국악에 대한 관심이 생긴 건 그때가 처음이었습니다.

---

창극● 전통 판소리의 형식을 빌려 만든 가극. 여러 등장인물이 창을 하면서 극을 전개한다.

## 사내가 웬 가야금을 한담

가야금을 배우게 된 것은 중학교 3학년 때였습니다. 6·25전쟁●으로 부산에 피란을 가 있을 때였는데, 하루는 모범생인 반장이 내게 물었습니다.

"병기야, 가야금 배워 보지 않을래?"

사실 내 귀엔 '가야금'이라는 단어조차 생소했어요. 텔레비전은 물론 라디오도 거의 없던 시절이라, 연주는 고사하고 악기 그림자도 볼 일이 없었거든요. 그러나 무식이 탄로 날까 봐, 그러자고 짧게 대답했어요.

그런데 가야금 소리를 처음 들었을 때의 충격이란! '둥둥' 뜨는 소리가 그렇게 매력적일 수 없었습니다. 그래서 이건 꼭 배워야겠다는 결심을 했습니다.

"공부하기도 바쁜 학생이 가야금을 배울 시간이 어디 있니?"

부모님은 두 분 다 반대했습니다.

"아인슈타인 같은 위대한 과학자도 바이올린 연주 실력이 전문가 못지않았어요. 그런데 물리학을 하는 데 아무 지장이 없었지 않아요? 저도 악기를 배우면 공부를 더 잘할 수 있을 겁니다."

---

6·25전쟁 ● 1950년 6월 25일 새벽에 발생한 남한과 북한의 대규모 전쟁. 북한군이 한 달 만에 부산 주변을 제외한 한반도를 점령했으나, 유엔 결의로 연합군이 참전하면서 전세가 역전되었다. 1953년 7월 27일에 휴전이 이루어져 오늘날까지 지속되고 있다.

모두 알 만한 사람을 예로 들자 분위기는 바뀌었어요. 아버지는 여전히 못마땅해했지만, 굳이 가로막지는 않았답니다.

"연습을 하려면 가야금이 있어야 해요."

나는 부모님께 가야금을 사 달라고 졸랐습니다. 그러나 아무리 간청해도 꿈쩍도 안 하더니, 서너 달이 지난 뒤에야 어머니가 먼 길을 가서 가야금을 구해 왔습니다. 전쟁 통에 가야금을 구할 방도가 없었기에, '예향의 고장'이라 일컫는 전주까지 다녀왔던 거예요.

"그렇게 기다렸는데, 어디 한번 타 보렴."

기대에 찬 눈빛으로 지켜보던 누나는, 내 연주를 듣고는 실망을 감추지 못했어요. 배운 지 얼마 안 된 초보자였으니 소리가 형편없었던 겁니다. 어찌 되었거나 나는 내 가야금이 생긴 게 얼마나 좋던지, 자다가도 몇 번씩 일어나 쓰다듬곤 했습니다.

"병기야, 국립국악원이라는 곳이 있다더라. 이왕 배우려면 권위 있는 곳을 찾아야 하지 않겠니?"

반장의 권유에 함께 용두산 꼭대기에 있는 국립국악원을 찾아갔습니다. 그곳에서 나는 크고 기품 있는 풍류 가야금•을 처음 보았습니다. 궁중 음악인 정악을 연주하는 오동나무 가야금이었지요.

---

풍류 가야금 • 통나무의 뒷면을 판 몸체에 양이두가 있는 원형의 가야금. 법금이라고도 한다. 후대에 산조를 연주하기 편하도록 줄 사이의 폭이 좁은 '산조 가야금'이 등장하면서 구분하게 되었다.

깊고 그윽한 가야금 소리에 푹 빠져 버린 나는, 학교가 끝나면 국립국악원으로 곧장 달려갔어요.

가장 먼저 배운 곡은 「영산회상」* 중 '세영산'이었는데, 단순하고 덤덤한 곡이 그렇게 아름다울 수 없었어요. 연습을 하지 않을 때도 항상 머릿속에 이 곡이 흘렀습니다.

얼마 뒤부터는 정악과 다르게 즉흥적으로 화려하게 연주하는 민속 음악인 산조*도 배웠습니다.

휴전 후에도 학교와 국악원을 오가는 생활을 계속했어요. 우리 집뿐만 아니라 국립국악원도 서울로 올라왔기 때문입니다.

"악기를 하려면 바이올린이나 피아노를 하지."

사내가 왜 가야금을 타느냐고 이상하게 생각하는 사람도 많았습니다. 가야금을 들고 길을 가다 보면 여학생들이 뒤에서 킥킥거리며 웃기도 했지요. 그때만 해도 국악은 천민 계층이나 어릿광대가 하는 것이라는 편견이 강했거든요.

하지만 나는 남의 눈길에 전혀 신경 쓰지 않았습니다. 가야금 소리가 말할 수 없이 좋고, 날마다 배우고 연주하는 게 즐겁기만 했으니까요.

---

영산회상 • 조선 후기 선비들이 즐기던 풍류 음악의 대표적인 곡. 현악 영산회상, 관악 영산회상, 평조회상으로 나눌 수 있는데, 보통 '영산회상'이라고 하면 현악 영산회상을 말한다.
산조 • 느린 장단에서 빠른 장단으로 배열된 3~6개의 장단으로 구성된 곡. 장구 반주가 반드시 붙는다.

## 대학 강사가 되어

경기고등학교 3학년 때 전국 국악대회에 처음으로 출전해서 기악 부문 1등 상을 받아, 학교에 이름이 꽤 알려졌습니다.

이듬해 나는 서울대학교 법대에 진학했습니다. 그때만 해도 어느 대학에도 국악과가 없었을 뿐더러, 가야금을 직업으로 삼는다는 것은 상상도 못 했답니다. 사업가였던 아버지의 뒤를 이어 사업을 하는 것이 내 길이라 생각했지요.

대학에 다니면서도 나는 고등학교 교복을 입었습니다. 아직 몸에 잘 맞는데 굳이 다른 옷을 입을 필요가 없다고 생각했거든요. 신발은 고무신을 주로 신었고, 때로 짚신을 신기도 했습니다. 그런 차림으로 가야금을 끼고 다니는 나는 법대의 '괴짜'로 통했어요.

"KBS가 새 건물로 이사를 가서 전국 국악 콩쿠르를 연다더라. 현악부에 나가 보는 게 어떠냐?"

대학 3학년 때 출전한 이 대회에서 나는 또 전국 1등을 했습니다. 웬만한 일에는 무덤덤한 성격인 나도, 두 번이나 상을 받고 나니 자신감이 생겼습니다. 가야금을 더욱 열심히 해야겠다는 마음도 생겼고요.

대학 졸업을 앞둔 가을 학기에, 서울대학교 음대 학장님이 어느 날 나를 불렀습니다.

"내년부터 국악과를 설치하려고 하네. 자네가 강사로 나와 가야금을 좀 지도해 주면 좋겠네."

한번도 상상해 본 적 없는 일이어서, 며칠만 시간을 달라고 했습니다. 그리고 며칠 뒤, 음악은 내가 좋아서 하는 일이지 내가 가야 할 길은 아닌 것 같다고 거절했지요.

"그러면 일주일에 딱 하루, 단 한 시간만 내주게. 그렇게만 해도 영광으로 알겠네."

그 정도라면 시간적으로 부담이 별로 없을 것 같았고, 무엇보다 학장님 말씀에 감복하여 제안을 받아들였습니다.

'그래. 딱 4년만 강사로 일하자. 그러면 가르칠 학생의 입학부터 졸업까지 볼 수 있을 거야.'

그런데 웬걸, 시간표를 받아 보니 수업이 주당 열 시간이 넘었습니다. 그래서 다른 직업은 생각도 못하고 4년 동안 꼬박 가야금 강사로 생활했어요.

우리나라에서 처음 생긴 국악과라 웃지 못할 사연이 많았습니다.

"이 악기는 피리고, 이 커다란 악기는 거문고란다."

악기 이름도 모르는 신입생들에게 마음에 드는 것을 하나씩 골라잡으라고 하여 전공을 선택하게 했을 정도였지요.

학생을 가르치며 나도 가야금 공부를 새롭게 했습니다. 그때만 해도 민간에서 가야금은 악보 없이 구전으로 배워 왔는데. 정악과 산조를 오선보로 만들어 학생들에게 가르쳤어요.

악보를 만들자 작곡도 할 수 있었습니다. 그래서 만든 첫 곡이 「국화 옆에서」라는 가곡입니다. 그 후 본격적으로 창작하기 시작해 「숲」, 「가을」, 「석류집」 등 새로운 가야금 곡을 하나씩 내놓았습니다.

처음 결심한 대로 음대 강사는 딱 4년을 하고 그만두었습니다. 그리고 여러 가지 사업을 했지만, 가야금은 하루도 놓지 않았고 연주자로 자주 무대에 섰습니다.

1961년에는 서양 오케스트라와 가야금을 최초로 협연하여 엄청난 박수를 받았어요. 그리고 하와이 동서문화센터에서 동양의 작곡가로 나를 초청해 한 달 동안 하와이에 머물렀는데, 이어서 로스앤젤레스, 샌프란시스코, 시애틀에서도 가야금 독주회를 갖게 되었지요.

## 음악에만 매진하리라

'소년이여, 야망을 가져라(Boys, be ambitious)!'란 말이 큰 호소력을 가진 시기도 있었습니다. 그런데 나는 야망이나 도전 정신을 가져 본 적이 별로 없어요. 그때그때 주어지는 것 가운데서 마음에 드는 일을 충실히 하고자 했을 뿐입니다.

가야금도 친구에게 이끌려 우연히 배우기 시작했으나, 스스로 좋아하게 되어 하루도 빠짐없이 연습했습니다. 스스로 좋아서 하는 일이었지, 가야금 연주가 내 목표나 인생의 길이라고 생각해 본 적은 없었습니다.

그런데 1974년 이화여대에서 국악과를 설립하면서 내게 학과장을 맡아 달라는 제안을 해 왔어요.

"조금만 생각해 보겠습니다."

나는 며칠 동안 삶을 조용히 돌아보았습니다. 가야금 연주자로 활동은 항상 하고 있었지만, 동시에 극장 지배인이며, 화학회사의 기획관리, 영화사와 출판사 대표 등 여러 사업을 거듭해 오고 있었지요.

'나도 곧 마흔이다. 이제는 삶에서 가치 있는 한 가지에만 집중하며 살아야 하지 않겠는가?'

나는 음악의 진정한 프로가 되기로 결심했습니다. 프로와 아마추어의 차이는 음악으로 온전히 밥벌이를 하느냐, 그렇지 않느냐 입니다. 비로소 음악이 내 길임을 받아들이고, 이제부터는 오롯이 음악만 하며 살겠다고 다짐했습니다.

1974년, 나는 국악과 부교수로 부임했습니다. 학교에 가까운 산자락으로 이사를 하고, 학교와 집만 오가는 생활을 했어요.

'전통적이면서도 새로운 곡을 만들 수 없을까?'

그 무렵 나는 밤마다 하염없이 별을 바라보며, 가야금 곡을 구상했습니다. 처음으로 유럽 순회 연주 초청을 받았는데, 그 무대에서 뭔가 획기적인 작품을 보여 주고 싶었습니다. 우리나라의 전통 음악이란 곧 조선 후기의 것을 뜻하는데, 그 틀을 부수면서 새로운 곡을 만들고 싶었습니다.

그러다 문득 섬광처럼 떠오르는 생각이 있었습니다.

'시간을 더 거슬러 올라 신라 시대로 가 보면 어떨까. 외래 문물을 받아들여 여느 때보다 창의적인 문화가 꽃피던 시기잖아?'

나는 신라인에게서 춤곡을 써 달라는 의뢰를 받았다고 상상했습니다. 그러자 여러 이미지가 마구 살아나 움직이기 시작했습니다.

'신라 시대 반가 사유상의 춤에 어울리는 음률…… 인도에서 들여온 침향이 은은하게 흐르고…….'

마침내 완성된 「침향무」는 네덜란드에서 처음으로 연주되어 큰 찬사를 받았습니다. 그리고 아직도 많은 사람들에게 사랑받는 곡입니다.

이어서 신라인의 무덤에서 발견된 페르시아 술잔의 신비로운 빛깔에서 영감을 받아, 서역풍의 화음을 넣은 「비단길」도 작곡했습니다. 그리고 20년 후에는 페르시아의 도시 이름을 딴 「하마단」을 다시 만들었고요.

이처럼 작곡 초기에는 생활 주변의 자연에서 주로 소재를 얻었지만, 「침향무」이후로는 시간과 공간을 넘나들며 작곡을 했습니다. 「가라도」, 「달하 노피곰」 같은 곡은 역사에서 소재를 얻었고, 「미궁」은 아예 문명 이전의 상태를 표현했습니다.

## 내 인생에서 가야금이란

돌아보면 인생에 소중한 것은 모두 가야금이 주었습니다. 아내도 국립국악원에서 가야금을 배우다 만났고, 그로 해서 우리 아이들도 얻게 되었지요.

대학을 졸업하자마자 국악과 강사가 된 것도 재학 중에 가야금 연주로 전국 대회에서 큰 상을 받았기 때문일 겁니다. 강사를 하다 보니 학생을 가르치느라 오선보를 만들었고, 최초로 가야금 연주곡을 창작하는 길로 나아가게 되었습니다.

그렇게 꾸준히 나만의 예술 세계를 열어 갔기에 미국 카네기 홀, 파리의 뮤제 기메를 비롯하여 미국과 유럽 전역, 아시아 등 세계 곳곳에서 초청받아 연주회를 할 수 있었습니다. 여러 나라의 뛰어난 음악가들과 함께 공연하고, 특히 윤이상, 백남준, 장한나 등 세계적인 예술가와 가깝게 지낼 수 있었던 것도 모두 가야금이 맺어 준 인연입니다.

그중에서도 감격스러웠던 일은 40년 넘게 가로막힌 휴전선을 넘어, 평양에서 열린 음악회에 참가한 것입니다.

"10월에 열리는 범민족통일음악회에 참석해 주었으면 합니다."

작곡가 윤이상 선생이 8월에 제자 편으로 초청장을 보내왔습니다. 중국, 일본, 미국, 중앙아시아, 유럽 등에서 활동하는 우리 민족 출신의 음악가가 모두 모인다고 했습니다.

1975년에 발표된 「미궁」은 국악인 황병기의 가야금 곡 중에 가장 실험적인 성향이 강하다는 평가를 받는다. 웃음과 울음, 신음 소리 등의 원초적인 표현이 들어간 탓에 세 번 들으면 죽는다는 말도 안 되는 괴담이 퍼지기도 했다.

2008년, 서울에서 황병기와 첼리스트 장한나가 각각 연주자, 지휘자로 어우러진 공연을 선보이고 있다.

"우리도 가야 하고말고요."

나는 즉시 프로그램을 짜고 연주자들을 섭외하여 방북단부터 만들었습니다. 곧이어 통일부에 방북을 신청했는데, 뜻밖에도 호의적으로 허락을 받아 냈습니다.

그리하여 1990년 10월 14일, '범민족통일음악회 남측단장'의 자격으로 판문점을 통과했습니다. 분단 이후, 남북 합의로 방북한 첫 민간인이 된 것이지요.

그때 남북 예술인들은 한데 어우러져, 노래하고 춤추며 눈물범벅이

황병기(왼쪽)를 단장으로 한 남측 대표 17명을 김원균(오른쪽) 준비위원장이 환영하는 모습. 북측 예술인 100여 명과 개성 시민 600여 명도 판문각에 나와 이들을 환영했다.

되었습니다. 음악을 통해 우리가 같은 민족임을 절실히 느낀 시간이었습니다.

'남북 문제에서 가장 중요한 것은 상호 교류야.'

음악회가 끝나고 서울로 돌아온 나는 북한 음악가들을 남한에 초청하기 위해 준비했어요. 다행히 일이 순조롭게 진행되어, 두 달 뒤에는 '평양민족음악단' 30여 명이 서울로 왔습니다. 우리는 서로 경쟁하지 않고 함께 청중의 공감을 이끌어 내기 위해 최선을 다했습니다. 그 결

과, 12월 14일에 열린 '송년통일음악회'는 진정한 음악 교류의 장이 되었지요.

　이처럼 가야금은 상상도 못 했던 많은 길을 내게 열어 주었습니다. 내가 가야금을 택했다고 생각했지만, 이제는 가야금이 나를 택한 게 아닐까 하는 생각도 듭니다.

　1999년에 나는 대장암에 걸려 생과 사를 오가는 수술을 했어요. 이때도 나는 병원 복도를 오가며 곡을 구상했습니다. 고통스럽고 비참한 현실에 놓여 있기에 오히려 더욱 아름다운 환상을 불러와, 어린 소녀가 된 마음으로 밝고 명랑하게 써 본 곡이 바로 「시계탑」입니다. 이처럼 내 음악은 언제나 삶과 생활에서 나오곤 했어요.

　"앞으로의 계획은 무엇입니까?"

　사람들은 종종 이렇게 묻습니다. 하지만 나는 계획도 없고, 후회도 없는 사람입니다. 순간순간을 항상 충실하고 즐겁게 살고자 했을 뿐이지요. 지금처럼 앞으로도 매일 가야금을 하면서, 열심히 배우고 친구들과 즐겁게 얘기를 나눌 수 있으면 그것으로 족합니다.

　나에게 가야금은 우리 민족으로부터 받은 은혜이기도 합니다. 1,500년간 전해 온 가야금 소리를 좀 더 바르고 새롭게 내기 위해 정진하는 것이 그 은혜에 조금이나마 보답하는 일이라고 생각합니다.

국수 없는 국수집을 연
민들레 수사 서영남 이야기

민들레 국수집*은 무료 식당입니다. 배고픈 사람은 누구나 하루에 몇 번이라도 밥을 공짜로 먹을 수 있습니다.

"에이, 거짓말. 세상에 그런 곳이 어디 있어?"

사람들은 믿지 않습니다. 2003년 4월 1일, 일부러 만우절에 문을 연 것은 그래서입니다. 그런 거짓말 같은 일이 실제 있다는 것을 보여 주고 싶었습니다.

언젠가 동인천역을 지나다가 길거리에서 끼니를 때우며 살아가는 사람들이 밥 한 그릇을 먹기 위해 줄 서 기다리는 것을 보았습니다. 줄 세우는 사람들의 인정머리 없는 잔소리를 들으며 묵묵히 차례를 기다

---

* 사전에 등재된 표기법은 '국숫집'이지만, 본문에서는 '민들레 국수집'의 실제 간판을 따라 '국수집'으로 표기했다.

리고 있었습니다.

'밥보다 중요한 게 사람대접인데…….'

차갑게 식어 버린 밥을 먹는 사람들 모습에 마음이 아팠습니다. 배고픈 사람들을 세워 놓은 채 길게 설교하고 기도하는 이들의 열정도 안타까웠습니다.

얼마 뒤, 가까운 이가 하던 조그만 집수리 가게가 문을 닫게 되었습니다.

'이참에 여기서 무료 식당을 해 보자.'

세 평도 안 되는 좁다란 공간이었지만, 배고픈 이에게 한 끼 식사를 대접하기에는 충분했습니다.

우리 속담에 '소도 비빌 언덕이 있어야 한다'는 말이 있습니다. 새롭게 뭔가를 해 보고 싶어도 너무 가난하고 의지할 데가 없으면 일어설 수 없는 법입니다. 굶주린 이에게 밥을 대접하면서, 자립할 의지가 있는 노숙인이나 출소자들을 힘닿는 대로 돕기로 마음먹었습니다.

"이왕 음식점을 할 거면 요리를 제대로 배워야지."

웬만한 음식은 만들 줄 알았지만, 그래도 요리 학원에 등록하여 한식 조리법을 다시 배웠습니다. 여느 식당들처럼 간판도 정식으로 달았습니다. 민들레 국수집.

우리 집에 찾아오는 손님들이 주위의 눈치를 보지 않고 떳떳이 드나들 수 있도록 '무료 급식' 같은 글귀는 어디에도 쓰지 않았습니다. 그저 하얀 바탕에 노란 글씨를 써서, 되도록 '잘 안 보이게' 광고하는 것으로 차별화했습니다.

25년 동안 수도원에서 생활하다 나온 지 얼마 되지 않았기에, 나 역시 빈손이나 마찬가지였습니다. 하느님과 착한 사람들을 믿고 문을 연 공짜 식당이지만, 하루에 수백 명에게 밥을 대접하게 될 줄은 몰랐습니다. 1년에 1천 포대가 넘는 쌀이며 김치를 이웃에게 나누는 사랑의 '화수분'이 될 줄은 더욱 몰랐습니다.

## 나의 길을 찾아서

부모님은 6·25전쟁 전에 우리 일곱 남매를 데리고 서울로 내려왔습니다. 그러다가 6·25전쟁이 일어나면서 부산으로 피란 나와서 살게 되었습니다.

가진 것 없이 타향에서 힘들게 살았는데, 막내가 갓 돌을 지날 무렵 아버지가 열차 사고로 돌아가시고 말았습니다. 초등학교 1학년이었던 나는 속으로 늘 불안했습니다.

'엄마마저 딴 데 시집가 버리면 어쩌지?'

먹을 게 없어서 늘 배고프던 시절이었습니다. 그런데 식사할 때 보면 어머니의 밥은 늘 수북해 보였습니다. 조금 먹다가는 배가 아프다며 밥

그릇을 들고 나가는 어머니를 보며, 속으로 아쉬워하곤 했습니다.

'좀 남겨서 우리에게 나눠 주면 좋을 텐데…….'

그런데 어느 날 보니, 어머니의 밥은 그릇 속에 다른 그릇을 엎어 놓고 위만 살짝 덮은 '공갈밥'이었습니다. 자식들에게 한 숟가락이라도 더 먹이려 꾀를 낸 것이었습니다. 그걸 본 순간 나는 마음이 놓였습니다.

'어머니가 우리를 정말 사랑하시는구나!'

어머니가 우리만 두고 도망가지 않는다는 것을 그 순간, 저절로 믿게 되었습니다.

삯바느질로 가족 생계를 책임지는 힘든 생활 속에서도, 어머니는 거지가 찾아오면 뭐라도 나눠 주지 그냥 돌려보낸 적이 없습니다. 입버릇처럼 우리 남매에게 '착하게 살라'고 하시는 어머니와 아침저녁으로 함께 기도하는 생활 속에서, 작은 꿈이 자연스레 싹텄습니다.

'나중에 커서 신부님이 되고 싶어…….'

집 근처 성당 신부님의 사제복이 내 눈에 그렇게 거룩하고 좋아 보일 수 없었습니다.

그러나 집안 형편은 갈수록 곤궁해졌습니다. 큰누님이 시집간 뒤, 큰형님이 안동 사범학교를 나와 선생님이 되자 잠시 나아졌으나, 형님이 군대에 가는 바람에 다시 어려워졌습니다. 어머니 혼자 다섯 아이 학비를 대는 게 무리였기에, 예민한 청소년기에 나는 홀로 객지에 나가 돈을 벌며 외롭게 지냈습니다.

'앞으로 어떤 일을 하며 어떻게 살아야 할까?'

번민하고 방황하는 고통의 시간이 오래 계속되었습니다. 힘겨운 현실 속에서 어린 시절의 꿈도 까맣게 잊혔습니다. 어둠 속 터널을 걷는 기분으로 청소년기를 보낸 후, 어느 날 걸음이 저절로 성당으로 향했고 끝없는 울음이 터져 나왔습니다.

스물두 살이 되던 해, 나는 수도원에 들어가 수사*가 되었습니다.

마침내 수도원에 들어가기로 결정하고 어머니께 말씀드렸더니 춤이라도 출 듯 기뻐하셨습니다. 가장 가난하다는 인천의 수도원을 찾아갔습니다.

수도원은 참 멋진 곳이었습니다. 기도와 육체노동이 대부분인 일상이지만, 같은 수도자와 어울려 생활하는 것이 여간 행복하지 않았습니다. 자신이 먹고 입을 것을 직접 만들고 세탁하며, 운영에 필요한 자금을 노동으로 버는 것이 수도원 생활입니다.

서귀포 수도원에 2, 3년 머물렀을 때는 밀감 농장과 '피정의 집' 일을 혼자 다 했습니다. 졸리지 않으면 밤에도 밀감밭으로 나가 달빛 아래서 호미질도 했습니다.

긴 세월이 흘러 수도원 참사위원이 되면서는 가난하고 소외된 이들 속으로 수도원이 들어가는 '달동네 공동체'를 구상했습니다. 그런데 총

---

수사 • 정결, 청빈을 서약하고 독신으로 수도하는 남자. 수도사라고도 한다.

장 신부님이 돌아가신 뒤 내부에 갈등이 생기면서, 맡고 있던 재단 사무 일과 총경리 소임을 모두 내려놓게 되었습니다.

'앞으로는 서로 하려고 다투는 일 말고, 남들이 하려 하지 않는 일을 하자.'

이렇게 결심한 나는 교도소 교정 사목*을 맡았습니다. 전국의 교도소를 다니며 장기수, 사형수, 찾아오는 이 없는 사람들을 면담하고 준비해 간 조촐한 음식을 나눠 먹었습니다.

수도원 바깥에 마련된 출소자 쉼터에 함께 머물면서 일을 했는데, 어느 날 수도원으로 복귀하라는 연락이 왔습니다. 그렇게 소망했던 달동네 공동체 기획도 반려되었고, 외부 활동도 모두 접어야 하는 상황이 된 것입니다.

'어떻게 해야 하나…….'

연륜이 있기에 수도원으로 돌아가면 몸은 편하게 지낼 수 있을 터였습니다. 하지만 가난한 이웃과 부대끼며 복음을 전하는 삶을 살고 싶었기에 계속 기도하면서 숙고했습니다.

그러다 마침내 결심했습니다. 수도원을 나와 세상 속에서 하느님과 함께하는 삶을 찾기로 말입니다.

---

사목 • 천주교나 성공회 같은 종교에서 사제가 신도를 구원의 길로 이끄는 일.

## 밥보다 사람대접

25년 수도원 생활을 마무리하며 짐을 정리하니 옷 몇 벌과 책 몇 권이 전부였습니다.

밖으로 나온 뒤, 한동안 사람들과 연락하지 않고 조용히 지냈습니다. 수사 때 필리핀으로 파견 나가 고생을 너무해 이가 약해졌는데, 마지막 남은 이까지 뽑아내자 꽤나 처량한 몰골이었습니다. 그래도 땅속의 한 톨 씨앗처럼 싹 틔울 때를 기다리며 살았습니다.

그러던 어느 날 교정 사목할 때 알았던 출소자가 울면서 찾아왔습니다.

"갈 곳이 없으니 함께 지내게 해 주세요."

나 역시 막막한 처지였지만, 사목할 때 봉사하던 분의 도움으로 허름한 집을 구해 출소자를 위한 쉼터 '겨자씨의 집'을 열었습니다.

그런데 열악한 환경에서 여럿이 복닥거리며 살다 보니, '겨자씨의 집'에는 자주 소동이 일어났습니다. 하루는 술에 취한 식구들이 험하게 다투는 중에 후원자인 베로니카가 찾아왔습니다. 베로니카는 그 광경을 보고 충격받은 모양이었습니다. 교도소 상담을 준비하느라 얼마 뒤 다시 들렀더니, 몹시 긴장된 표정으로 말했습니다.

"수사님이 그렇게 원하는 이웃 사랑을 오래 했으면 좋겠어요. 소외되고 힘든 사람들을 가족처럼 오래 돌봐 주려면…… 지금처럼 그렇게 힘들면 안 돼요."

베로니카는 한참을 머뭇거리다가 말했습니다.

"저희 집으로 오셔서 잠이라도 편히 주무세요."

베로니카의 딸 모니카도 나를 기쁘게 가족으로 맞아들이고자 했습니다.

아무것도 없는 빈털터리에다 출소자와 가난한 이웃을 섬기며 살 작정이었기에, 내가 한 가정의 가장이 될 수 있을까 많이 고민했습니다. 하지만 있는 그대로의 나를 아껴 주는 모습에 한 번도 꿈꿔 본 적이 없던 '결혼'을 하게 되었습니다.

그런데 얼마 뒤, 출소자 형제들의 자립을 위해 월세로 얻어 준 집수리 가게가 겨우 두 달 만에 망했습니다.

'기왕 빌린 가게니 배고픈 사람들한테 공짜 음식을 대접하는 식당을 만들어 보자. 겨자씨의 집 식구도 여기 와서 식사를 하면 될 테지.'

가진 돈이 없었기 때문에 처음에는 국수를 대접할 생각이었습니다. 그런데 손님들은 하나같이 "국수 말고 밥은 없어요?" 하고 물었습니다. 그래서 며칠 만에 메뉴는 밥으로 바뀌었지만, '민들레 국수집' 간판은 그대로 두기로 했습니다.

처음엔 손님이 없어서 길거리에서 노숙인을 찾아 모셔 왔으나, 공짜 식당이라는 소문이 퍼지면서 곧 손님이 늘었습니다. 배고픔과 추위에 걷기 어려운 사람, 손이 떨려 식사도 제대로 못 하는 사람이 대부분이었습니다. 그래도 밥을 드리면 목까지 차서 더 이상 먹을 수 없을 때까지 밀어 넣곤 하였습니다.

힘든 일도 적지 않았습니다. 술 취한 손님에게서 개새끼, 소새끼 온갖 욕을 실컷 얻어먹고 멱살을 잡힌 채 끌려다니기도 했습니다. 밖에서 술을 마시고 싸우거나, 때로 아무 데서나 소변을 보는 손님들 때문에 원성도 높았습니다.

"동네가 시끄러워 살 수가 없네! 왜 저런 사람들이 모여들게 합니까?"

주민들이 항의할 때마다 동네 터줏대감 어르신들이 울타리가 되어 주었습니다.

"밥 먹으러 오는 사람들, 차림새가 깔끔하지 않아서 그렇지 직접적으로 해를 끼치지는 않으니 지켜봅시다."

국수집이 있는 인천시 화수동은 일제 강점기부터 가난한 사람들이 모여 살았던 곳입니다. 그래서 주민들도 가난한 사람의 처지를 헤아릴 줄 압니다. 때로 항의를 할지언정 주변 집값이 떨어진다느니 하는 말은 한 번도 한 적이 없습니다.

가진 것 없이 시작한 공짜 식당이라, 국수집 쌀독은 툭하면 바닥이 드러났습니다. 기도만 할 뿐 해결할 방법이 전혀 없을 때, 아슬아슬 도움의 손길이 나타나곤 했습니다. 한번은 연탄난로를 피워야 하는데 돈이 한 푼도 없었습니다. 그런데 출소한 친구가 난데없이 연탄 300장을 사 왔습니다. 나중에 알고 보니 외상으로 가져온 거라 마침 그때 생긴 돈으로 갚기도 했습니다. 쌀이 떨어진 순간, 기다렸다는 듯 지인이 쌀 포대를 지고 와 놀란 적도 여러 번입니다.

## 나에게 귀한 것을 나누는 기쁨

입소문이 퍼져서 국수집의 손님은 나날이 늘어났습니다. 가게가 비좁아 밖에서 기다리는 사람이 많아지자, 가게 주인은 아예 바로 옆 당신의 사무실을 내주었습니다.

"나야 소일거리나 할 뿐인걸. 확장해서 식당으로 쓰게."

덕분에 6인용 식탁 하나로 꽉 찼던 조그만 국수집은, 한꺼번에 스무 명도 넘게 식사할 수 있는 넉넉한 공간으로 변했습니다.

가겟세를 올리기는커녕 절반을 뚝 떼어 쌀값에 보태라고 내준 가게 주인어른, 쌀과 구급품을 후원하고 손님 중에 환자가 생기면 무료로 약을 지어 준 약방 어른을 비롯해, 고마운 분들의 도움으로 공짜 식당은 망하지 않고 점점 커져 갔습니다.

"노숙 생활이 10년이 넘었어요. 몸이 약해서 일하러 나가도 시켜 주는 데가 없어서……."

몸 누일 방 한 칸이 절실한 국수집 손님들을 보며, 자립 의지가 있는

분들에게 방을 마련해 주기로 결심했습니다. 국수집 문을 연 다음 달부터, 형편이 되는 대로 단골손님부터 방을 얻어 주기 시작했습니다.

민들레집 식구가 한두 명 늘어날수록 방세와 보증금 때문에 목돈 지출도 늘었습니다. 가뜩이나 어려운 살림에 돈이 부족해 위기감이 들 때가 한두 번이 아니었습니다.

"모두 한집에 모여 살게 하는 게 낫지 않아요? 경제적으로 절약되고, 인간관계 형성에도 좋을 텐데."

이렇게 말하는 사람들도 있었습니다. 그런데 화목한 집에서 사랑받으며 자란 경험이 없는 사람들은 서로 배려하는 것을 힘들어 합니다. 소외되고 상처받은 사람들은 작은 일에도 부딪히고 폭발하기 쉬우므로, 오히려 혼자 쉴 수 있는 공간과 시간이 필요합니다.

노숙인의 정착과 재기는 결코 쉽지 않습니다. 보증금만 빼서 달아나기도 하고, 술만 마셔 대기도 합니다. 그러나 노숙 생활로 돌아간 사람보다 홀로서기에 성공한 사람이 훨씬 많습니다. 지금까지 100명 이상이 민들레집 식구로 생활했고, 지금도 20여 명이 국수집을 중심으로 흩어져 지냅니다. 식구들이 스스로 상처를 치유하고 자립할 수 있을 때까지, 필요하면 수도원 수준의 용돈도 드리며 언제까지나 기다려 줍니다.

2005년 3월에 민들레 국수집 이야기가 텔레비전에 소개되어, 전국에서 많은 분이 관심을 보내오기 시작했습니다. 덕분에 돈 걱정을 한시름 덜 수 있었고, 더 많은 민들레 식구에게 방을 얻어 줄 수 있었습니다.

"곧 국수집 5주년이 되는데, 뜻있는 일을 하나 더 해 보면 어떨까요?"
식구들과 의논한 끝에 어린이 공부방을 열기로 했습니다.

교도소 면담과 노숙인들에게 밥을 대접하면서 '아이 때부터 돌봐야 한다'는 걸 절실히 느꼈습니다. 중범죄자들은 대개 초등학교나 중학교를 다닐 나이에 막바지 인생을 살고, 10대 후반에서 20대 초반에 이르면 막다른 길에 이르러 자포자기하고 맙니다. 아무리 비뚤어진 인생이라도, 어릴 때 5년, 10년 사랑으로 보살펴 주기만 하면 분명히 다른 삶을 살 수 있습니다.

공부방을 만들고자 한다는 취지를 민들레 국수집 홈페이지에 올리고 모금을 시작했습니다. 아이들을 위한 집이라 많은 분이 더욱 각별히 도와주셔서, 2008년 4월 1일 '민들레 꿈 공부방'이 드디어 문을 열었습니다. 딸 모니카와 데레사 수녀님이 형편이 어려운 아이들과 놀아 주고, 공부도 가르치고, 문화생활도 함께하고, 밥도 먹이며 종일 보살펴 줍니다.

'손님들이 식사만 하고 가는 게 아니라 샤워도 하고, 낮잠도 잘 수 있는 공간이 있으면 얼마나 좋을까?'

이런 생각을 하다가 2009년에는 '민들레 희망지원센터'도 만들었습니다.

여기서 노숙인들이 몸을 씻고, 옷을 세탁할 수 있을 뿐 아니라 책을 읽거나 비디오를 보고, 컴퓨터도 할 수 있습니다. 의료진이 정기적으로 진료 봉사도 하고, 인문학 강좌도 엽니다.

- 정부나 관공서 지원을 받지 않는다.
- 부자의 생색내기용 기부를 받지 않는다.
- 후원자 조직을 만들지 않는다.

민들레 국수집을 처음 열면서 세웠던 원칙입니다. 이 원칙을 고스란히 지켜 왔는데도, 공짜 식당이 망하기는커녕 하루하루의 일상부터 큰 일까지 저절로 이루어져 가는 것이 신기하고 신명납니다. 착한 개인들의 사랑과 나눔이 이 모든 일을 가능하게 했습니다. 밥값을 아끼고 차비를 아껴 한 푼 두 푼 모은 돈을 보내 주는 후원자들, 바쁜 가운데 시간을 쪼개 일손을 보태는 자원봉사자들이 날마다 기적을 만듭니다.

## 사랑만이 사람을 변하게 한다

국수집을 하고 있지만 수도원 시절부터 하던 교정 사목은 여전히 내 본업입니다. 재소자들과 편지를 나누고, 한 달에 두 번 국수집이 쉬는 금요일에 늘 면회를 갑니다. 한 달에 필요한 최소한의 생활비 1만 원조차 보내 주는 이가 없는 장기수, 무기수 들을 의동생으로 삼아 우리 가족은 전국으로 교도소 여행을 다닙니다. 아내 베로니카가 특히 누나, 어머니처럼 재소자들을 옥바라지합니다.

청송 교도소에 있는 꼴베 형제는 20년 전 처음 만났는데, 베로니카의 도움으로 한글을 깨쳤습니다. 꼴베 형제는 어머니에게 불효한 걸 마음 아파해서, 어버이날에 제가 대신 식사를 대접하고 꽃을 달아 드렸습니다.

"이게 정말 우리 아들이 쓴 편지란 말이오?"

편지를 받고 어머니가 얼마나 기뻐했는지 모릅니다.

꼴베 형제는 세월이 갈수록 아름답게 변했습니다. 자기 몫의 영치금*을 찾아오는 이 없는 재소자에게 줍니다. 교도소 안에서 쇼핑백을 만드는 일로 받은 수당을 오히려 민들레 국수집에 보내 줍니다. 어려운 아이들에게 학용품을 사 주라고 말이지요.

언제 사형이 집행될지 모르던 안드레아 형제는, 장례 비용으로 쓰려고 꾸준히 모아 왔던 돈을 다른 외로운 재소자를 위해 내놓았습니다. 무기 징역으로 감형된 뒤에는 중학교도 못 나왔으니 공부하자고 마음먹고 고입, 대입 자격 검정고시 준비에 열심입니다.

검정고시를 통과하여 대학 과정을 공부하는 형제도 있고, 서예 솜씨를 갈고닦아 옥중에서 일가를 이루어 가는 형제도 있습니다. 20년 정도

---

영치금 • 죄를 지어 교도소에 갇힌 사람이 교도소 측에 맡겨 둔 돈. 가족, 친지 들이 넣어 주면 교도소를 통해 음식이나 물품을 산다.

감옥에 갇힌 재소자를 만나고, 또 민들레 국수집 손님을 만나며 늘 '사랑만이 사람을 변화하게 하고 희망을 꿈꾸게 한다'는 사실을 느낍니다.

민들레 국수집에 찾아오는 손님들도 세상의 경쟁에서 뒤처진 분들입니다. 손님마다 아픈 사연을 한가득 안고 있습니다. 슬픔과 고통을 좋아할 사람은 없지만, 슬픔과 고통은 우리 인생을 진지하고 맑게 해 줍니다. 어쩔 수 없는 고통을 피하지 않고 받아들인 사람은 자비롭고 너그럽습니다.

사랑만이
겨울을 이기고
봄을 기다릴 줄 안다

사랑만이
불모의 땅을 갈아엎어
제 뼈를 갈아 재로 뿌리고

천 년을 두고 오늘
봄의 언덕에
한 그루의 나무를 심을 줄 안다

## 샘터 솔방울 인물

우리와 가까이 있었으나 잘 알려지지 않은 인물들의 삶을 다룹니다.
어린이에게 아직 낯선 인물을 알기 쉽게 소개함으로써
수많은 가능성이 존재하는 미래를 거짓 없이 보여 주고,
스스로 꿈을 찾을 수 있도록 돕는 든든한 길잡이가 될 것입니다.

### 01 나는 무슨 씨앗일까?
박효남 외 글 | 유준재 그림
**꿈의 씨앗을 틔워 전문가가 된 아홉 어른들의 꿈과 철학**
한국간행물윤리위원회 권장도서 | 책읽는교육사회실천회의 6학년 권장도서
서울시 선정 여름방학 권장도서 | 한우리독서문화운동본부 4학년 필독서
창비어린이 논픽션 부문 올해의 책 | 부산시교육청 3,4학년 추천도서

### 02 간송 선생님이 다시 찾은 우리 문화유산 이야기
한상남 글 | 김동성 그림 | 최완수 감수
**간송 미술관이 탄생하기까지, 역사의 고비마다 지켜 낸 우리 문화유산**
서울시립도서관 사서 선정 좋은 책 | 어린이도서연구회 권장도서
한우리독서문화운동본부 권장도서 | 열린어린이 4학년 권장도서

### 03 내가 좋아하는 장소에게 건축가 김수근 이야기
이민아 글 | 오정택 그림
**건물이 아니라 마음과 꿈을 짓는 건축가, 김수근**
문화관광부 선정 교양도서 | 어린이문화진흥회 권장도서
어린이도서관연구소 권장도서 | 열린어린이 권장도서

### 04 저것이 무엇인고 그림이 된 예술가 나혜석 이야기
한상남 글 | 김병호 그림
**여성에 대한 차별과 편견에 맞서고자 노력했던 작가, 나혜석**
간행물윤리위원회 권장도서 | 국립어린이청소년도서관 추천도서
열린어린이 권장도서 | 경기도학교도서관사서협의회 권장도서
간행물윤리위원회 선정 추천도서

### 05 내가 좋아하는 슈퍼스타 1
정채봉 글 | 이종미 그림

### 06 내가 좋아하는 슈퍼스타 2
정채봉 글 | 문지후 그림

### 07 내가 좋아하는 슈퍼스타 3
정채봉 글 | 김중석 그림
**한순간의 반짝임이 아닌 영원한 빛을 주는 사람들의 이야기**
경기도학교도서관 사서협의회 추천도서

### 08 세계의 보건 대통령 이종욱
박현숙 글 | 안은진 그림 | 권준욱 감수
**대한민국 최초의 WHO 사무총장, 이종욱**
문화체육관광부 우수교양도서 | 경기도학교도서관협의회 추천도서
교보문고 초등 5,6학년 추천도서 | 서울시립어린이도서관 추천도서

### 09 실패의 전문가들
정유리 · 정지영 글 | 김경찬 그림
**여덟 명의 위대한 실패의 전문가가 알려 주는 성공보다 중요한 삶의 비밀!**
국립어린이청소년도서관 추천도서 | 열린어린이 여름방학 권장도서
아침독서 초등 고학년 추천도서 | 학교도서관사서협의회 추천도서

### 10 우리 역사를 손보기 해 드립니다! 고고학자 손보기
김향금 글 | 정경심 그림
**한반도의 구석기 문화를 밝혀 수십만 년을 앞당긴 고고학자, 손보기**
열린어린이 선정 추천도서 | 고래가숨쉬는도서관 추천도서
아침독서 초등 고학년 추천도서

### 11 무량수전 배흘림기둥의 아름다움을 전한 혜곡 최순우
이혜숙 글 | 이용규 그림
**우리 문화유산으로 세계를 감동시킨 전설의 박물관인, 최순우**
우리 시대 명사 100인, 초록산타 아름다운 책장 도서전 유홍준 교수 추천도서
학교도서관저널 도서추천위원회 추천도서 | 고래가숨쉬는도서관 여름방학 추천도서
서울시립어린이도서관 여름방학 권장도서 | 국립어린이청소년도서관 추천도서

### 12 한국 최초의 의사를 만든 의사 올리버 R. 에비슨
고진숙 글 | 안재선 그림
**고종 황제의 시의이자 한국 최초로 현대식 병원을 세운 올리버 R. 에비슨**

### 13 책에는 길이 있단다
민족과 교육을 사랑한 으뜸 기업가 대산 신용호
김해등 글 | 김진화 그림
**세계 최초로 교육보험을 발명한 교보생명의 창립자, 대산 신용호**
학교도서관저널 도서추천위원회 추천도서

### 14 오늘 우리 놀이가 먼 훗날 역사가 된단다
한국 민속학의 개척자, 월산 임동권
남찬숙 글 | 최지은 그림
**한국 민속학을 바로 세워 당당한 학문으로 발전시킨 월산 임동권**
열린어린이 선정 겨울방학 권장도서

### 15 나는 무슨 씨앗일까? 2
황병기 외 글 | 유준재 그림
**9년 만에 출간된 두 번째 이야기**
**작은 씨앗에서 이뤄 낸 일곱 선배의 꿈과 도전!**